목회를 배우고 싶은 그대에게

부교역자 리바이벌

김남준

생명의말씀사

김남준 현 안양대학교의 전신인 대한신학교 신학과를 야학으로 마치고, 총신대학교에서 목회학 석사와 신학 석사 학위를 받았으며, 신학 박사 과정에서 공부했다. 안양대학교와 현 백석대학교에서 전임강사와 조교수를 지냈다. 1993년 **열린교회**(www.yullin.org)를 개척하여 담임하고 있으며, 현재 총신대학교 신학과 조교수로도 재직하고 있다. 저자는 영국 퓨리턴들의 설교와 목회 사역의 모본을 따르고자 노력해 왔으며, 아우구스티누스를 비롯한 보편교회의 신학과 칼빈, 오웬, 조나단 에드워즈와 17세기 개신교 정통주의 신학에 천착하면서 조국교회에 신학적 깊이가 있는 개혁교회 목회가 뿌리내리기를 갈망하며 섬기고 있다.

주요 저서로는 **1997년도 기독교 출판문화상**을 수상한 『예배의 감격에 빠져라』와 **2003년도 기독교 출판문화상**을 수상한 『거룩한 삶의 실천을 위한 마음지킴』, **2005년도 기독교 출판문화상**을 수상한 『죄와 은혜의 지배』를 비롯하여 『구원과 하나님의 계획』, 『게으름』, 『자기 깨어짐』, 『하나님의 도덕적 통치』, 『교사 리바이벌』, 『자네, 정말 그 길을 가려나』, 『목회자의 아내가 살아야 교회가 산다』, 『설교자는 불꽃처럼 타올라야 한다』, 『돌이킴』, 『싫증』, 『개념없음』, 『그리스도인이 빛으로 산다는 것』, 『가상칠언』, 『목자와 양』, 『아이야 엄마가 널 위해 기도할게』, 『깊이 읽는 주기도문』, 『서른통』 등 다수가 있다.

부교역자 리바이벌

ⓒ 생명의말씀사 2014

2014년 9월 5일 1판 1쇄 발행
2014년 11월 15일　　　3쇄 발행

펴낸이 | 김재권
펴낸곳 | 생명의말씀사

등록 | 1962. 1. 10. No.300-1962-1
주소 | 서울 종로구 경희궁1길 5-9(110-062)
전화 | 02)738-6555(본사) · 02)3159-7979(영업)
팩스 | 02)739-3824(본사) · 080-022-8585(영업)

지은이 | 김남준

기획편집 | 태현주, 김정주
내지디자인 | 조현진
표지디자인 | 디자인집
인쇄 | 영진문원
제본 | 정문바인텍

ISBN 978-89-04-07127-2 (03230)

저작권자의 허락없이 이 책의 일부 또는 전체를
무단 복제, 전재, 발췌하면 저작권법에 의해 처벌을 받습니다.

부교역자 리바이벌

책을 열며

묘목이 아니었던 거목은 없습니다

약간 어두운 방, 장작이 타는 난로, 잘 구워진 고구마, 향긋한 커피 냄새, 둘씩 앉은 부부들, 웃음소리, 침묵, 장작이 불에 타며 내는 소리, 가녀린 흐느낌, 기도하는 소리…….

열린교회를 개척하고 10년 정도 흘렀을 때의 일입니다. 교인 수는 늘어나고 목회적 필요에 의해 교회의 기능들도 복잡해지게 되었습니다. 자연스럽게 동역자들이 늘어나게 되었습니다. 교회의 선교적이고 목회적 상황은 유능한 교역자들과 헌신적인 평신도 지도자들을 요청하고 있었습니다.

그러나 당시 현실은 그렇지 않았습니다. 평신도 지도자들과 교역자들 모두 헌신된 사람들이었으나, 제가 보기에 그들 가운데 상당수가 자신의 일을 어떻게 효과적으로 감당해야 할지를 모르고 있는 것 같았습니다.

특히 부교역자들의 경우, 인품이 진실하고 말씀을 사랑하는 이들임에도 불구하고 사역의 기술에서는 현저히 부족하게 느껴졌습니다. 자연스럽게 목회 사역과 교회 운영에서 담임목사인 저의 사역 부담이 가중되었고, 기대에 못 미치는 부교역자들을 향해 꾸지람이 잦아지는 만큼 제 마음의 불평도 늘어 갔습니다.

그러던 어느 날이었습니다. 불현듯 제 마음에 생각되기를, 마치 하나님께서 이렇게 말씀하시는 것 같았습니다. "애야, 너도 한때는 그렇게 목회 사역에 미숙한 사람이었단다. 네가 그들을 형제나 자식처럼 여기며, 목회 사역은 이렇게 하는 거라고 따뜻하게 가르쳐 줄 수는 없겠니? 내가 너에게 그리했던 것처럼, 너도 그들을 향해 좀더 오래 참고 기다려 줄 수는 없겠니?"

순간 제 마음이 눈 녹듯이 녹으며 눈물이 쏟아졌습니다. 그리고 동역자들을 향한 원망과 불만이 사라지고, 안팎으로 많은 어려움 속에서 힘겹게 교회를 섬기는 그들의 아픔과 고통들이 가슴 저미도록 다가왔습니다. 저는 오랫동안 그들이 동역자이기 이전에 그리스도 안에서 피붙이라는 사실을 잊고 지냈습니다. 수일 동안을, 동역자들을 교회에 고용된 일꾼처럼 생각했던 일과 사랑으로 그들의 허물을 덮고 오래 기다려 주지 못한 것을 반성하며 보냈습니다.

그리고 얼마 후, 처음으로 부교역자와 그 아내들에게 목회자로서의 삶과 사역의 기술을 나누는 시간을 가졌습니다. 사역 분야별로 그리고 기혼과 독신 여부를 기준으로 동역자들을 몇 개 그룹으로 나눠 모이게 한 후, 책망이나 질책의 감정 없이 아비가 사랑하는 자식을 훈계하듯 바른 목회를 위한 사역의 실천이 무엇인지, 학문을 어떻게 탐구해야 하는지, 경건의 생활과 신앙의 인격을 어떻게 함양해야 하는지, 목회의 지도력을 기르는 일과 위기 상황에서 결단력 있게 대응하는 방법 등에 대해 가르쳐 주었습니다.

큰 회의실에 모여 저의 지시를 수첩에 받아 적는 교역자 회의가 아니라, 화롯불에 둘러앉아 정담을 나누는 것처럼 가르치기도 하고 묻기도 하면서 그 일을 진행하였습니다. 그리고 모임을 마칠 때에는 대화를 나누는 동안 난로 안에서 잘 익은 따끈따끈한 고구마를 하나씩 종이에 싸서 그들 부부에게 나누어 주었습니다.

이 작은 책은 그때 제가 부교역자들을 향해 마음을 열고 가르쳐 주었던 내용들입니다. 이 책에서 예화로 든 사건들은 대부분 제가 직접 경험한 일들입니다. 하지만 다소 부정적인 예화에 등장하는 인물에 대해서는 그 자신과 주변 사람들이 그 사람임을 명백히 알 수 없도록 일부 간유리 처리를 하였습니다. 보다 많은 사람들의 영적 유익을 도모하기 위해서라고 할지라도, 다른 사람의 명예를 실추시키는 것은 바람직하지 못하다고 생각하기 때문입니다.

제가 깨달은 바와 경험한 많은 것들을 이 책에 담았으나, 사역의 세계에서 경험하는 모든 어려움들과 그 해답들을 이 한 권에서 다 다룰 수는 없었습니다. 부교역자들의 고민에 해답이 되는 부분도 있겠지만 충분한 해답이 되지 못하는 부분도 있을 것입니다. 하지만 제가 사역을 해 보니, 분명한 방향만이라도 깨닫게 되면 이전보다 훨씬 수월하고 바르게 자신의 사역을 감당할 수 있었습니다. 이 책을 통해 목회가 무엇인지에 대한 바른 이해와 부교역자로서 자신이 해야 할 역할에 대한 정확한 인식이 세워질 수 있다면, 책을 쓴 저의 수고가 제 마음에 달콤하게 느껴질 것입니다.

이 책은 신학교에 다니거나 졸업한 후에 전도사 생활을 하는 목회자 후보생들과 아직 담임목회를 시작하지 않은 부목사들을 염두에 두고 쓴 것입니다. 제가 여기에 『부교역자 리바이벌』이라는 제목을 붙인 것은 부교역자가 교회의 리바이벌을 일으킬 수 있다고 생각해서가 아닙니다. 한 사람의 심령에, 한 교회에 새로운 생명을 부어 주시는 부흥은 오직 하나님만이 가져오실 수 있습니다. 저는 한 사람의 사역자가 참으로 능력 있고 좋은 목회를 해 나가기 위해서는, 먼저 하나님께서 그 사역자의 심령에 부흥을 주셔야 한다는 사실을 일깨우기 위해 이 책에 '리바이벌'이라는 단어를 붙였습니다. 이 작은 책이 목회자를 목회자답게, 교회를 좀더 그리스도의 몸답게 하는 일에 조금이라도 도움이 되기를 간절히 바랍니다.

모든 목회자가 한때는 미숙한 시기가 있었습니다. 목회자가 한 마디의 말씀으로 많은 교인들에게 감화를 불러일으킬 수 있기까지는 가혹하리만치 긴 세월 동안 그 말씀을 따라 살아온 발자취가 있어야 합니다.

첫 설교를 부탁받고 떨리는 마음으로 강단에 오르던 늦깎이 신학생이 세월의 흐름 속에서 교육전도사로 섬기던 시절을 지나 한 교회를 개척하고 열정적으로 사역하던 목회자가 되었고, 이제는 인생의 비끼는 저녁노을을 받고 서 있는 담임목사가 되었습니다. 지금 여러분들이 가고 있고, 또 가게 될 길을 저는 모두 걸어왔습니다. 그 길이 언제나 가슴 설레고 행복한 연애 시절 같았던 것은 아니었습니다. 인간적으로 깊은 외로움을 겪던 시기도 있었고, 사도 바울이 고백했듯이 '만물의 찌기'와 같은 여김을 받아 비천해

졌던 시기도 있었습니다.

그러나 목회자는 그 길을 걷는 것이 기쁘고 좋을 때든지 그렇지 않을 때든지, 목회의 사명이 있는 동안에는 목회자의 길을 걸어가야만 합니다. 이것이 모든 목회자 앞에 있는 엄연한 현실입니다.

저는 숲속을 산책하기 좋아합니다. 거목의 노송들이 군락을 이루고 있는 숲길을 홀로 산책하노라면 지상의 번뇌는 사라지고 천상의 사색이 그 깊이를 더합니다. 제가 강원도 오대산의 숲길을 즐겨 찾는 것도 바로 이런 이유 때문입니다.

몇 백 년의 수령은 족히 될 아름드리 소나무들이 하늘을 찌를 듯 높은 키를 자랑하며 숲을 이루고 있습니다. 일반적으로 그런 나무들은 혼자 서 있지 않습니다. 두터운 부엽토 아래 비옥한 땅에 깊이 내린 뿌리들이 서로 엉켜서 산자락을 움켜쥔 채, 함께 공동체를 형성하고 있습니다. 그래서 땅 위에서 보면 각각 따로 서 있는 별개의 나무 같지만, 사실은 '하나의 생명 덩어리' 입니다.

사역자로 부름받은 우리 모두는 영원을 향한 연대감을 가진 사람들입니다. 각자 다른 자리에서, 각자 다른 일을 하고 있지만 우리는 모두 같은 꿈을 꿉니다. 담임목사이건 부목사이건 교육전도사이건 우리는 모두 하나님의 영광이 이 땅에 가득 차는 그날을 함께 바라보며 이 길을 가고 있는 '하나의 생명 덩어리' 인 것입니다.

지도자는 특별한 사람으로 태어나는 것이 필수적이지 않지만 보통 사람처럼 준비해서는 좋은 지도자가 될 수 없습니다. 한편으로 가정을 돌보아야 하고 또 한편으로는 다른 동역자들과 함께 오케스트라의 단원처럼 하모니를 이루며 그 일을 감당해야 합니다. 성경과 학문에서 지식의 진보를 이루어 가야 하고 목회의 기술도 함양하고 지도자로서의 자질도 키워 나가야 합니다. 이런 모든 것들을 생각할 때, 목회의 길을 가기 위해 준비하는 부교역자 시절에 눈에서 눈물이 마를 날이 없고 마음이 가난해지지 않은 날이 없어야 하는 것은 전혀 이상한 일이 아닙니다.

제가 젊은 시절에 좋아했던 시, 이산 김광섭(1905-1977)의 『청춘』을 소개하며 후배 목회자들을 향한 저의 격려를 대신하고자 합니다.

선견(先見)을 말하고 포부(抱負)를 전(傳)하던 자
허물어진 명성을 탐(貪)하여 배반(背叛)할지라도
그대는 그 거울에 푸른 하늘을 잃지 마라.

사유의 방향과 논리의 위상이
모두 그 좌표를 잃을지라도
배리(背理)는 씻을 수 없는 영원한 흑점(黑點)이다.

밝은 지혜와 뜨거운 정열

그대의 괴롬은 사념(思念)하고 행동하려는

정신에 하낫 가담(加擔)이러니.

혹시는 슬퍼도 하리라.

혹시는 울기도 하리라.

그러나 젊은 새의 꿈은 항상 날음에 있나니.

  묘목이 아니었던 거목은 없습니다. 그러나 모든 묘목이 거목이 되지는 않습니다. 더 많은 묘목들이 분재처럼 되거나 관목들 속에 섞여서 자라다가 나무로서의 일생을 마치기 때문입니다.

  부르심을 입은 그 자리에서 오늘도 최선을 다해 사역을 해 나가는 후배 교역자들에게 이 책이 조그마한 선물이 될 수 있기를 진심으로 소망합니다.

  부디, 좋은 목회자가 되십시오.

2014년 8월
그리스도의 노예 **김남준**

목차

책을 열며 묘목이 아니었던 거목은 없습니다 04

Advice 1. 교회학교 사역 편
사역의 초석을 다짐

리더십 20 ｜ 부부가 함께하는 섬김 36
말씀의 지식 46 ｜ 함께 동역함을 배움 56
교양과 섬김 64 ｜ 기도 생활 74

Advice 2. 청년교구 사역 편
관계의 기쁨을 배움

총체적인 교구 사역 90 ｜ 사역을 통한 부부의 연합 98
환경을 뛰어넘는 기도 생활 110 ｜ 지식에 사랑을 더함 116
동역자들에 대한 태도 122

Advice 3. 장년교구 사역 편

목회의 기술을 익힘

훈련의 삶 134 ㅣ 구도의 삶 144
부부가 동역하는 삶 156 ㅣ 사랑의 삶 160
헌신의 삶 166

Advice 4. 여성교구 사역 편

사랑의 헌신을 배움

하나님의 축복 180 ㅣ 꺼지지 않는 기도의 불 192
영혼을 향한 사랑 200 ㅣ 자기를 다 쏟아붓는 헌신 210
동역자들에 대한 사랑 222

▎어느 늦은 가을, 열린교회 교육관 4층에서 있었던 신학 스터디 광경. 깊이 있는 목회는 깊이 있는 학문에 뿌리를 두고 있다고 믿기에 나는 바른 목회를 묻는 후학들에게 답한다. "깊이 있는 신학을 탐구하라. 항상 고3처럼 공부하라."

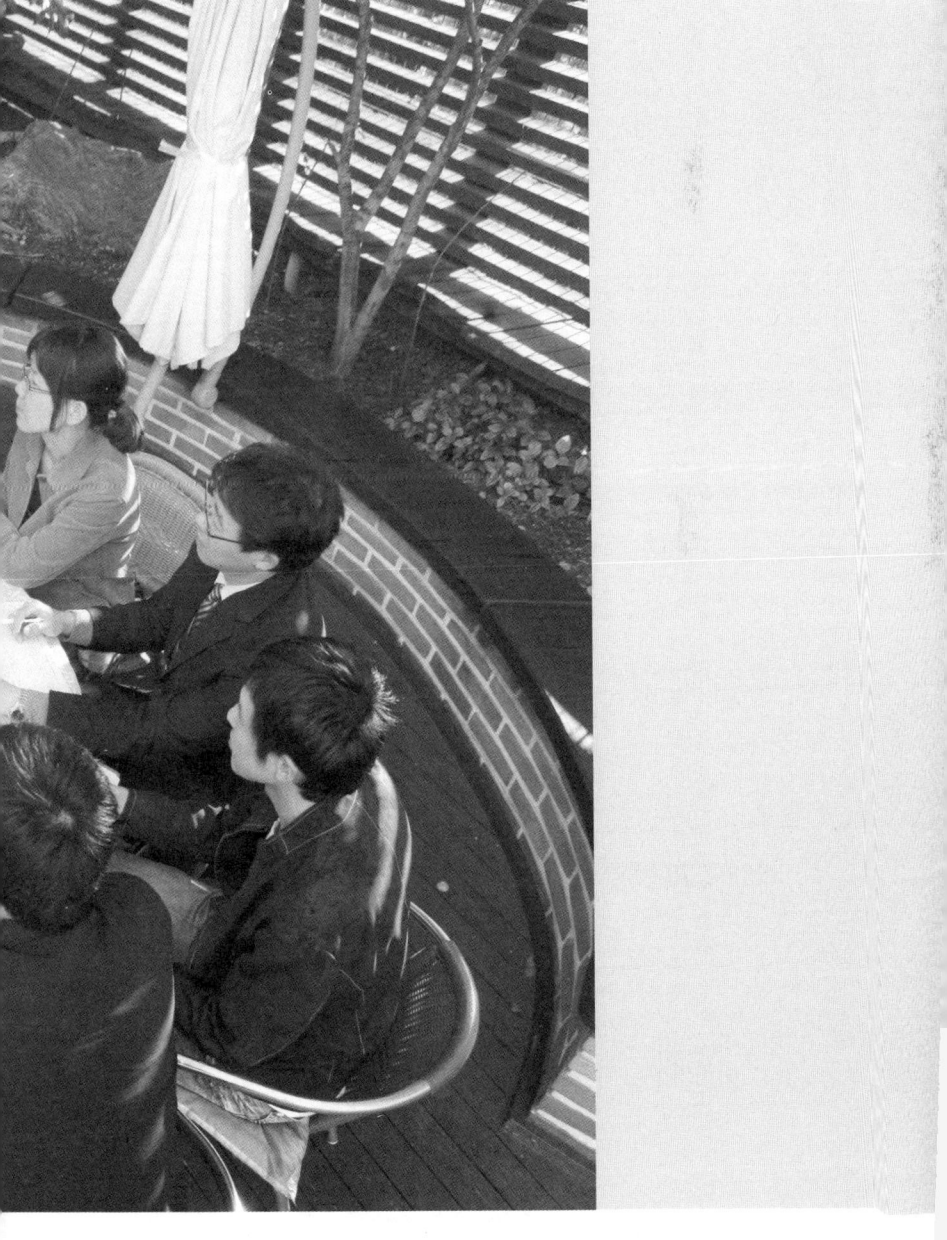

Advice 1.

교회학교 사역 편

사역의 초석을 다짐

한 사람의 목회자로 세워지는 일에 많은 부분이 필요하겠지만 여기서는 목회를 처음 시작하는 교회학교 교역자로서 갖추어야 할 부분들에 초점을 맞추어 이야기를 나누려고 합니다. 어떤 영역의 일이든지 그 일을 배우고 익히고 해 나갈 때 처음 시작이 매우 중요하듯, 사역도 그 시작이 매우 중요합니다. 시작할 때 익혔던 자세와 마음가짐 그리고 초점이 목회자의 이후 사역을 결정하기 때문입니다. 그렇기 때문에 교회학교 교역자는 사역을 시작하는 시점의 중요성을 인식하고 기초석을 놓는다는 마음으로 성심껏 임해야 합니다.

이러한 사역의 시작점에서 언급되어야 할 내용으로 이 책에서는, 첫 번째는 리더십을 갖추어야 한다는 것에 대해서, 두 번째는 부부가 함께 사역을 해야 한다는 것에 대해서, 세 번째는 말씀의 지식에 대해서, 네 번째는 동역자들과의 아름다운 연합에 대해서, 다섯 번째는 교양과 섬김에 대해서, 여섯 번째는 기도 사역에 대해서 다루고자 합니다.

리더십

교회학교 교역자는 대부분 사역을 처음 시작하는 시기에 임명되기에
스스로 지도자라는 자각을 못하거나
자각했다 하더라도 지도력을 잘 발휘하지 못할 수 있습니다.
그러므로 교회학교 교역자에게 가장 우선적으로 필요한 것은 리더십입니다.

교회학교 교역자가 목회자로서 가장 먼저 갖추어야 할 부분은 리더십입니다. 목회자란 보이는 교회를 이끌어 가는 영적인 지도자이고, 목회란 그 지도자가 자신의 역량을 하나님의 도구로 삼아서 주님께서 주시는 지혜와 판단을 가지고 교회를 이끌어 가는 것을 말합니다.

저는 교역자가 부임을 하면 일정 기간 동안 지켜본 뒤, 특별한 문제가 없다고 판단한 이후에 권한을 주고 자유로이 사역을 감당하게 합니다. 이른바 의인불용 용인불의(疑人不用 用人不疑)의 원칙입니다. 물론 권한을 준 만큼 맡은 일에 스스로 책임도 지게 합니다.

이는 교구 사역자들뿐 아니라 교회학교 교역자들에게도 동일하게 적용되는 원리입니다. 그러므로 교회학교 교역자는 부설 조직의 담당자라는 마음을 버리고, 각자 맡은 부서를 자신이 단독 목회를 하는 교회라고 여기며 사역에 임해야 합니다. 자신이 작은 교회의 담임목회를 시작했다고 생각해 보십시오. 그곳에서 가장 먼저 요구되는 것은 리더십입니다. 소위 이야기하는 지도력의 문제가 대두되는 것입니다.

교회학교 교역자는 대부분 사역을 처음 시작하는 시점에 임명이 되기 때문에 어린 나이에 지도자의 위치에 서게 되는 경우가 많습니다. 그래서 오히려 나이나 경험 면에서 함께 섬기는 교사들이 더 연륜이 많을 수 있습니다. 그렇기 때문에 스스로 지도자라는 자각을 하지 못하는 경우도 있고, 자각했다 하더라도 처음이라 지도력을 잘 발휘하지 못하는 경우도 많습니다.

그러므로 저는 교회학교 교역자에게 가장 우선적으로 필요한 것은 리더십이라고 생각합니다. 리더십은 순수한 영적인 리더십과 일반적인 리더십으로 나눌 수 있는데 지도자는 이 두 가지를 모두 갖추어야 합니다.

영적인 리더십

리더는 모든 사람이 그가 리더라는 사실을 시인할 수밖에 없는 그 무엇이 그 사람 안에 있어야 합니다. 예를 들면 '저 전도사님이나 저 사모님이 나보다 훨씬 믿음이 좋다.', '하나님께서 저 전도사님이나 저 사모님의 기도를 내 기도보다 훨씬 잘 들어주신다.', '저 두 분은 나보다 하나님과 더 친밀하고, 영혼을 향한 사랑이 나보다 훨씬 깊다.' 하는 생각이 들게 하는 것입니다. 이것이 바로 모세가 하나님을 뵈옵고 나왔을 때, 그 얼굴에 빛나던 찬란한 영광의 빛과 같은 것입니다. "모세가 그 증거의 두 판을 모세의 손에 들고 시내 산에서 내려오니 그 산에서 내려올 때에 모세는 자기가 여호와와 말하였음으로 말미암아 얼굴 피부에 광채가 나나 깨닫지 못하였더 라"(출 34:29).

영적인 리더십을 함양하기 위해서는 다른 방법이 없습니다. 자기 자신이 하나님의 사람이 되는 만큼만 그 리더십을 함양할 수 있습니다. 그렇기 때문에 영적인 리더십을 가진 사람이 되기를 원한다면 철저하게 하나님 앞에서 일어나는 변화의 역사를 통해 하나님의 사람이 되어야 합니다. 현재 자기 자신이 기도 생활을 하면서 얼마나 자기 깨어짐을 경험하고 있는지 질문을 던져 봐야 합니다.

자기 깨어짐이란 한편으로는 자기의 죄와 불순종을 고집하는 것에 대한 깨어짐이고 다른 한편으로는 자기 의에 대한 깨어짐입니다. 자신이 하나님 앞에 정말 비참하기 때문에 깨뜨려지고, 스스로 괜찮은 사람 혹은 쓸 만한 사람이라고 생각했던 것들이 깨뜨려지는 것입니다. 이러한 자기 깨어짐이 없이 사역을 하다 보면 영적인 리더십은 없게 되고 사람들이 능히 멸시할 수 있는 지도자가 되는 것입니다.

아무리 신앙이 부족한 사람이라 할지라도 사람은 영적인 피조물이기 때문에 같이 지내고 대화를 나누다 보면 그 사람이 영적인 리더십을 가지고 있는지 아닌지를 감지할 수 있습니다. 영적인 리더십이 감지되는 사람에게는 복종하는 마음이 생기지만 그것이 없는 사람은 얕잡아 보는 마음이 생겨나게 되어 있습니다. 그렇기 때문에 가장 먼저 영적인 리더십을 갖춘 사람이 되어야 합니다. 자신을 방치해 두지 않고 하나님을 전심으로 추구하며 찾는 삶을 살아가야 합니다.

일반적인 리더십

하지만 영적인 리더십이 세워졌다고 해서 목회자의 지도력이 제대로 발휘되는 것은 아닙니다. 여기에 일반적인 리더십이 더해져야 합니다. 목회자는 단지 영적인 리더십만 세워지면 모든 것이 다 갖추어졌다고 생각해서는 안 됩니다. 부흥사라면 설교만 잘하면 되고 중보기도 하는 사람이면 기도만 열심히 하면 되지만 목회자는 전혀 그렇지 않습니다. 목회자는 모든 사역에 총체적인 섬김이 이루어져야만 그 리더십을 발휘할 수 있습니다. 그래서 두 번째 필요한 것이 일반적인 리더십입니다. 일반적인 리더십은 다시 네 가지로 설명할 수 있습니다.

일관성

첫 번째는 리더의 행동에서 발견할 수 있는 일관성입니다. 특별한 영적인 은혜를 받았다기보다 사리의 판단력이 지도자답고, 상황을 보면서 어떻게 해야 할지를 결정하는 의사결정의 단호함 속에서 발견되는 일관성은 사람들의 신뢰를 받게 합니다. 만약 목회자가 합리적인 이유도 없이 이럴 땐 이렇게 행동하고 저럴 땐 저렇게 행동한다면 오해의 소지가 많을 것입니다.

열린교회에는 청년들이 많기 때문에 제가 모든 결혼식에 참석하는 것은 불가능합니다. 설사 교인 자녀들이 결혼을 하더라도 주례를 하지 않는 한 결혼식에 찾아가지 않아도 사람들은 충분히 이해할 수 있을 것입니다. 그러나 교인이 30명 정도라면 그것을 이해하기는 어려울 것입니다. 교인이 30명이라면 결혼할 자녀들이 아무리 많아도 10명 내외일 텐데 목회자가 찾아가지 않는다면 교인입장에서 이해를 하지 못할 것입니다.

하지만 저는 주례를 서지 않는 결혼식은 가지 않는다는 원칙을 세우고 여태까지 그것을 지켜 왔습니다. 교회에서 아무리 충성스럽게 일하고 가까이 지내는 사람들이라 할지라도 그 원칙에서 벗어나면 아무리 거리가 가까워도 가지 않습니다. 그래도 그 사람은 상처받을 일이 없습니다. 왜냐하면 자신이 오기 전부터 그렇게 해왔기 때문입니다. 만약 원칙을 세우지 않고 어떤 사람은 찾아가고 어떤 사람은 찾아가지 않는다면, 사람들은 우연히 일치하는 요소를 추측할 수도 있을 것입니다. '아, 헌금 많이 낸 사람만 골라서 가는구나!' 아니면 '목사님이 편애하는 사람들은 예외구나!' 하고 생각하게 될 것입니다.

결단력

두 번째 필요한 것은 결단력입니다. 지도자는 상황을 정확히 분석하고 결단을 내려야 할 때 신속하게 내릴 수 있어야 합니다. 이 사람 저 사람에게 끌려 다니면서 오늘은 이 말하고, 내일은 저 말하며 살아가는 모습은 지도자로서 올바르지 않습니다. 그래서 지도자는 고독한 자리이기도 합니다. 사람들의 의견을 많이 들을 수는 있어도 마지막 결단은 결국 자기 자신이 해야 합니다. 절대 우유부단해서는 안 됩니다.

교회학교에서 교사들과 함께 사역을 하다 보면 정체되는 시기가 있습니다. 눈물로 설교하고 기도하고 신앙적으로 바르게 하라고 지도함에도 불구하고 어느 시점에 도달해서는 더 이상은 안 되는 때가 있습니다. 그러할 때는 하루 날을 잡아 교사들을 데리고 밖에 나가 함께 휴식을 취하는 시간을 갖습니다. 이렇게 스트레스와 긴장을 풀어 주고 다시 마음을 붙잡아 신앙생활을 하게 하는 일에도 지도자로서의 결단력이 필요합니다. 사소한 것처럼 보이지만 이런 행동이 결단력 있는 지도자의 모습을 보여주는 계기가 되어 더 큰 일에서도 지도력을 발휘하게 되는 것입니다.

이런 결단력이 있기 위해 지도자는 끊임없이 하나님께 지혜를 구해야 합니다. 솔로몬이 왕이 되면서 지혜를 구했듯이 지도자는 하나님께 지혜를 구해야 합니다. 그리고 나아가 겸손하게 다른 사람들을 찾아가서 배워야 합니다. 다른 교회의 사역자, 내가 그 사람처럼 사역했으면 좋겠다고 느끼는 사람을 찾아야 합니다. 자신이 맡은 파트에서 가장 본받고 싶은 사역자나 모델로 삼고 있는 교회가 없다는 것은 배우고자 하는 노력을 하지 않는다는 의미입니다.

풀빵을 하나 팔아도 더 잘 굽는 집이 있어 사람들이 많이 간다고 하면 그곳에 찾아가 돈을 주고서라도 배워 와야 합니다. 일식집에서 초밥을 만드는 사람들도 더 맛있는 초밥을 만들기 위해 일본으로 유학까지 갑니다. 하물며 중차대한 영혼을 돌보는 일을 하는 데 그러한 노력을 기울이지 않는 것은 문제가 있습니다. 물론 전도도 하고 기도도 하고 씨름을 해야 합니다. 그러나 지도자는 그 정도 가지고는 안 됩니다. 지도하고 방향을 제시해야 하기 때문입니다. 따라서 지혜를 얻기 위한 부단한 노력이 필요합니다.

또한 지도자가 결단을 내리기 위해서는 지혜와 더불어 신념에 불타야 합니다. 주님께서 나를 이 자리에 세워 주셨기에 여기에 서 있는 것을 기뻐하신다는 확신과 함께 충성스럽게 이 일을 감당하면 반드시 열매를 주실 것이라는 신념을 가져야 합니다. 하지만 지도자가 이러한 신념을 가져도 교인들 중에는 지도자를 반대하고 따르지 않는 사람들도 있습니다.

이스라엘의 역사를 보면 모세가 신념에 불탔음에도 불구하고 애굽으로 돌아가자는 사람들이 있었습니다. 마귀가 잘하는 것이 이런 사람들을 충동질하여 지도자의 영적인 자양분을 다 빨아먹어 그를 단숨에 미끄러지게 하는 것입니다. 그래서 지도자로 하여금 '내가 여기에서 이것을 감당해야 하나, 주님께서 나를 여기에 보내신 것이 과연 맞나? 내가 진짜 성령을 받았을까?' 라는 걱정들을 하게 만듭니다. 대개 지도자는 나태해질 때 이런 고민을 하게 되어 있고, 이런 고민을 한다면 지도자의 자격을 점차 잃어버리게 됩니다. 따라서 지도자는 확신 가운데 거하며 살아야 합니다. 확신이 없고 신념이 없다면 지도자가 될 수 없게 됩니다.

이러한 신념이 있을 때 모든 사람들이 요동하고 어떻게 해야 좋을지 모르는 큰일이 벌어질 때에도 지도자는 담담하게 그 상황을 처리해 나가게 됩니다. 당황하던 사람들은 그런 지도자의 모습을 보며 마음이 차분히 가라앉고 평화를 갖게 되어 하나님께서 함께 계신다는 사실을 떠올리게 됩니다. 그렇기 때문에 지도자가 신념을 가지는 일이 매우 중요한 것입니다.

조직력

세 번째 필요한 것은 조직력입니다. 조직력이란 영적이거나 일반적인 필요가 생길 때 그 필요에 부응하기 위해 흩어진 사람들과 자원 등을 통일적인 체계를 만들어 일정한 목적을 위해 효율적으로 활용할 수 있는 능력을 말합니다. 이것은 하나의 경영적인 측면을 가리킵니다. 예를 들면 웅덩이에 물길을 터서 땅에 물이 흘러 들어가게 하여 축축히 젖은 농경지를 만드는 일과 같습니다. 물길을 내주는 일처럼 지도자는 경영을 통해 조직화시키고 사역을 해 나가는 것입니다.

저는 우리 교회의 새가족국 시스템이 상당히 잘 되어 있다고 생각합니다. 그런데 이러한 시스템이 갖추어지기 전에는 열린교회에 사랑이 없다는 말을 종종 들었습니다. 하나님과의 관계에는 열중하지만 사람은 안중에 없는 교회라는 인상을 받는 사람들이 있었던 것입니다. 무려 1년 이상 그런 이야기를 들었습니다. 처음에는 웃어넘겼고, 은혜를 못 받은 사람들이 흉을 보는 것이라고 생각하고 흘렸습니다. 하지만 시간이 지나고 다시 점검해 보니 그렇게 생각할 수도 있겠다는 마음이 들었습니다. 왜냐하면 교회에 나오는 사람들이 모두 다 은혜를 갈망해서 오는 것은 아니기 때문입니다. 그렇기 때문에 찾아온 사람들을 배려하여 안내하며 정착할 수 있는 시스템이 없는 상태에서 불편함을 느꼈던 것입니다.

그래서 결국 새가족부를 만들 결심을 하게 되었습니다. 사람을 보내어 다른 교회도 견학하게 하고, 새가족팀을 만들어 훈련을 시키는 등 3년을 애쓴 결과 현재의 시스템이 정착되었습니다. 교재를 만드는 일에도 6개월이 걸렸습니다. 영접팀, 주차팀 등 세부적으로 팀을 만들어 운영을 하고 찾아온 사람들이 잘 정착할 수 있는 시스템이 조직되자 이제는 오히려 너무 친절하고 관심을 가져서 부담스러워 못 나오겠다고까지 이야기를 합니다. 이렇게 지도자가 시스템을 만들면 그곳에서 하나님께서 은혜를 주신 사람들이 적극적으로 일을 하면서 지속적으로 은혜가 흘러가게 되어 있습니다. 바로 그런 것을 잘 해내야 합니다.

맡은 부서에 영혼들이 오지 않는 상황이라면 자신의 사역을 돌아보고, 무엇이 안 되고 있다면 그것에 대해 점검해 보아야 합니다. 영혼들이 오지 않는다면 먼저 자신의 기도가 부족한지 돌아보아야 합니다. 그러나 계속해 하나님께서 사람을 보내 주시지 않는다는 생각이 들면 두 가지 관점을 동시에 가져야 합니다. 영적으로는 하나님께서 자신에게 무엇을 말씀하시는가를 살펴보고, 조직적인 면에서 어떻게 할 것인가를 살펴보아야 합니다. 이러한 관점 없이 상황을 방치해 두어서는 안 됩니다. 만약 교역자가 왜 이런 상황이 되었는지 돌아보지 않고 서너 달이 지나도록 방치한다면 더 큰 문제가 생겨나게 되어 있습니다. 나오던 아이들도 여러 가지 이

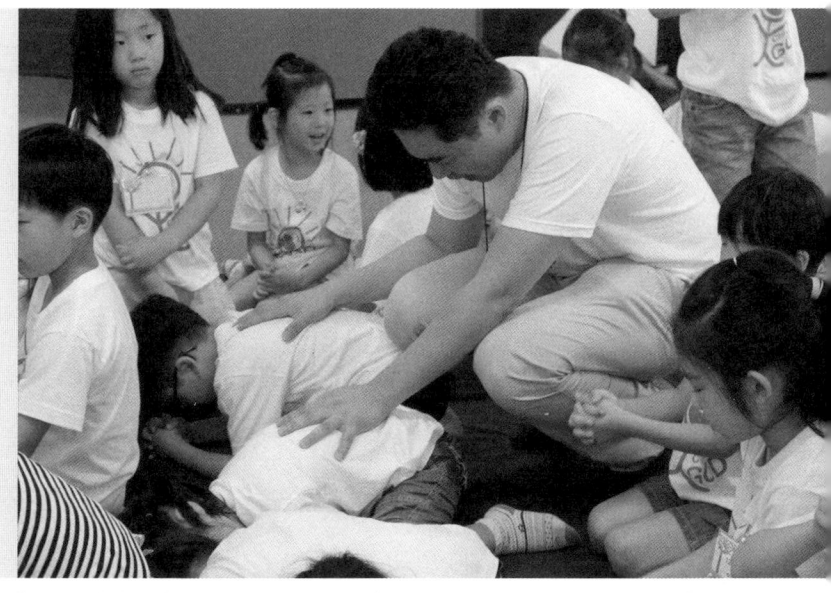

2014년 여름성경학교에서 한 교사가 아이들을 위해 기도해 주고 있다. 목양 사역의 꽃은 중생과 회심 그리고 첫 회심의 은혜 안에서 하나님을 사랑하며 살게 하는 것이다.

유로 나오지 않게 되고, 아이들 없이 혼자 공과책을 읽고 있는 선생님들도 점차 의욕을 잃게 됩니다.

상황이 이렇게 되면 결국 목회자 자신도 목회 사역에 싫증을 느끼는 일까지 벌어지고 맙니다. 생각이 안으로 엉키고 오그라들어 스스로 자질이 없다 여기게 되고 결국 상황이 자신을 덮어 버려서 영성이 마르게 됩니다. 탈진이 찾아오는 것입니다. 이때의 영적인 대미지는 쉽게 회복되지 않습니다. 따라서 지도자는 이러한 상황이 벌어졌을 때 절대 뒤로 물러서지 말고 맞서 반응해야 합니다. 하나님 앞에서 자신이 맡은 교회학교가 다른 교회에 비해 잘 조직되어 있는지 비교해 보고 부족함이 느껴진다면 조직화해 나가야 합니다. 그래서 모든 사역이 순조롭게 진행될 수 있도록 만들어야 합니다.

화합력

네 번째로 지도자는 화합하는 사람이어야 합니다. 지도자로서 신념을 가지고 분명하게 조직을 이끌어 가다 보면 그 지도력에 대해 화합하는 사람이 있는가 하면 그렇지 않은 사람도 있기 마련입니다. 속이 좁은 지도자는 자신의 지도력에 화합하지 않는 사람을 만나면 불편함을 느끼고 조직에서 내보내야겠다는 생각을 먼저 합니다. 하지만 교사들이나 지체들이 자신을 힘들게 하기 때문에 조직에서 내보낼 생각만 한다면 그 목회에는 하나님의 축복이 결코 없습니다.

군자와 같은 지도자는 그러한 사람들을 다 끌어안으면서 진심으로 친화해 나갈 수 있는 마음을 가져야 합니다. 아기에게 젖을 물리는 엄마가 젖을 깨물었다고 그 아기를 집어던지는 경우는 없습니다. 아파도, 자지러지면서도 참고 다시 또 젖을 물립니다. 이와 같이 목회자도 비록 자신을 괴롭게 하는 지체라 할지라도 동일한 마음을 품고 진심으로 끌어안아야 합니다.

한상동(1901-1976) 목사님이라고 고신대학교에서 학장을 하셨던 분이 계십니다. 부산에서 목회를 하셨는데, 그분이 하셨던 말씀 가운데 다음의 일화가 기억이 납니다.

그분 말씀에 의하면, 자신이 목회하는 교회에 종종 누를 끼치는 부교역자들이 있었답니다. 이런 부교역자와 함께 사역을 해 나가는 것은 담임목회자의 입장에서 견디기 힘든 고통입니다. 하지만 한상동 목사님은 당시 총회장까지 지내셨던 교계의 거목임에도 불구하고 그런 부교역자들을 함부로 대하지 않으셨습니다. 그리고 내쫓는 대신 강대상 앞에 엎드려 기도하셨습니다. 그렇게 일정 기간 동안 기도해 주고 권면도 많이 해주면 개선되는 사람들이 나옵니다.

그러나 그렇게 기다려 주었음에도 불구하고 도저히 개선이 되지 않는다면, 그때부터는 다음과 같이 기도하셨다고 합니다. "하나님, 모든 사역자는 주님의 손에 있지 않습니까? 하나님, 저 사람이 자신도 기뻐서 가고 우리도 즐겁게 보내 줄 수 있도록 여기 있는 것보다도 더 좋은 곳으로 길을 열어주세요." 하나님의 주권 사상을 가지고 끝까지 인내하는 가운데, 단 한 명의 부교역자도 한상동 목사님이 먼저 포기하지는 않았던 것입니다.

지도자는 이처럼 모든 사람들을 품는 지도력을 가져야 합니다. 또 이것을 위해서는 목회자의 아내가 감당해야 할 역할도 중요합니다. 남편의 사역에 반대하거나 껄끄럽고 화합하지 못하는 사람이 있다고 해서 그 사람을 미워하거나 해를 바라는 마음으로 반응해서는 안 됩니다. 설사 목회자가 그 사람을 야단쳐도 목회자의 아내는 그 눈물을 닦아 주어야 합니다. 이는 마치 아이를 키울 때와 같습니다. 아빠가 야단을 칠 때 엄마가 위로해 주지 않고 오히려 함께 꾸중을 한다면 그 아이는 갈 곳을 잃어버린 채 망가지고 말 것입니다.

결론적으로 목회자는 함께 사역하는 지체들을 깊이 사랑해야 합니다. 저는 중고등부 사역을 할 때 항상 엽서와 펜을 들고 다녔습니다. 기차를 기다리면서 틈틈이 시간이 날 때마다 깨알 같은 글씨로 마음이 돌아오지 않는 아이들에게 편지를 썼습니다. 소수지만 정성껏 적어 보낸 그 편지를 받고 눈물을 흘리며 교회로 돌아온 아이들이 있었습니다.

비록 자신을 힘들게 하는 교사라 할지라도 그 사람의 기쁜 날 함께 기뻐하고, 슬픈 날 함께 슬퍼하고 위로하면서 끝까지 품어야 합니다. 때로는 목회자의 지도를 받지 않고 따라오지 않는 아이들이 있다 하더라도 끝까지 인내하고 기다려 주며 사랑해야 합니다. 이렇게 자신이 맡은 부서를 화합하는 평화의 사람이 되어 동역자들과 지체들이 생사를 같이하고 싶은 마음을 갖게 되는 그런 지도자가 되어야 합니다.

부부가 함께하는 섬김

목회자는 자신의 아내를 인격적으로 사랑해 줄 뿐 아니라
늘 칭찬해 주고 격려해 주어서
목회자의 아내로 살아가는 일에 소명을 갖게 해주어야 합니다.
목회자에게 아내는 가장 든든한 동역자입니다.

인격적인 측면

두 번째는 부부가 함께하는 섬김입니다. 목회자의 아내들은 인격적인 측면에서 굉장히 소외되어 있습니다. 그 결과 정서적 고립감이나 우울증, 역할 갈등 등에 시달리는 경우가 매우 많습니다.

제가 집회나 세미나 또는 상담을 통해 만나 본 경험에 따르면, 목회자의 아내들은 10명 중 두 명이 정신과 치료를 받았거나 받고 있는 중이었습니다. 평균 비율 20%가 정신과 치료를 요하는 상태라는 것은 무엇인가 그들만의 고민이 있다는 사실을 보여줍니다.

목회자의 아내가 비교적 일찍 은혜를 받아 훈련이 잘 된 후에 결혼을 한 사람이면 조금 낫습니다. 그러나 은혜에 대한 특별한 체험도 없고, 체계적으로 훈련도 받지 못한 채 결혼을 한 사람들은 목회자의 아내로서 살아가는 것이 쉽지 않습니다.

하나님을 아는 지식이 전무하고 정상적인 신앙생활이 거의 불가능한 상태에서 목회자의 아내가 되었기 때문에 언제나 남편에 대한 원망이 가득 차 있습니다.

모든 신학교가 그렇지는 않지만, 일부 신학교에서는 학생들이 평일에 기숙사에서 생활을 합니다. 그러다 주말이 되어서야 겨우 집에 돌아오는데, 주말에는 교회 사역을 해야 하기 때문에 더 바쁩니다. 평일은 평일대로, 주말은 주말대로 남편 없이 혼자 시간을 보내야 할 때가 많은 것입니다. 부부간의 친밀한 교류는 고사하고 남편의 얼굴조차 보기 쉽지 않은 환경은 아내를 지치게 합니다. 하지만 아내는 학업과 사역 두 가지를 병행하느라 지친 남편을 생각해서 어떻게든 견뎌 보려 합니다. 그래서 혼자 운동을 하거나 무엇인가를 배우러 다녀 봅니다. 하지만 이것조차 아이를 낳으면 불가능해져서 그 후에는 이전보다도 더 많이 섭섭함이나 미움을 느끼게 됩니다. 남편들은 이러한 아내들의 어려움을 이해하고 먼저 사랑해 주어야 합니다.

목회의 길은 특별한 사람들이 가는 길입니다. 동시에 목회자의 아내라는 길도 매우 특별한 사람들이 가는 길이며 또한 힘든 길입니다. 그렇기 때문에 목회자는 자신의 아내를 인격적으로 사랑해 주어야 합니다. 뿐만 아니라 인격적으로 늘 칭찬하고 격려해 줄 수 있어야 합니다. 칭찬해 주고 격려해 주어서 목회자의 아내로 살아가는 일에 소명을 갖게 하여 주님이 쓰시고 남편에게도 도움이 되는 사람이 되도록 해주어야 합니다.

사역적인 측면

남편의 리더십을 존중함

부부가 함께하는 섬김 중 사역적인 측면에서는 세 가지를 이야기할 수 있습니다. 첫 번째로 아내들이 잊지 말아야 할 것은 자신이 리더가 아니라 남편이 리더라는 사실입니다. 목회자의 아내들은 남편이 맡은 부서로 가서 교사를 하든지 새가족반을 하든지 서기를 하든지 안내를 하든지 역할을 맡아야 합니다. 또한 금요기도회, 야유회, 교사 심방, 전도 등 특별한 경우가 아니면 함께 동행하여 사역이 있는 그곳에서 함께 기도하고 공감해야 합니다. 하지만 목회자의 아내가 절대로 남편의 리더십을 방해하거나 저해해서는 안 됩니다. 남편이 리더로서 자연스럽게 존중받을 수 있도록 내조하며 이름도 없이 빛도 없이 섬기고 오히려 어려운 일이 생길 때마다 남편을 도와 지혜롭게 풀어 가는 사모가 되어야 합니다.

아내와의 정보 공유

두 번째로 목회자는 아내와 모든 정보를 공유해야 한다는 점입니다. 교사들의 이야기, 모든 사업 계획들, 선교를 위한 구상, 부서의 문제점, 교사들의 영적인 상태, 최근에 회심한 아이 등의 정보를 나누어야 합니다. 만약 맡은 부서의 인원이 많다면 모든 정보들

▌ 2014년 여름 교역자 부부 수련회 때 낙산 해변을 산책하던 중 담은 목회자 아내들의 단체 사진. 이름 없이 빛도 없이 목회 사역을 내조하는 목회자의 아내들이 밝은 자존감과 영혼의 자유 속에서 교회의 한 지체로 사랑하고 사랑받으며 사는 것으로부터 그 교회의 영적 성숙도가 드러난다.

을 공유하기가 쉽지 않을 것입니다. 하지만 그런 경우가 아니라면 목회자의 아내는 모두 알고 있어야 합니다. 정보를 공유하고 그것이 공통의 관심사가 되어 맡은 사역에 대해 부부가 함께 많은 대화를 나눠야 합니다. 목회적으로 아내에게도 말하지 말고 지켜야 할 비밀이 있을 수 있지만, 그 외의 것은 서로 공유해야 합니다.

문제는 목회자의 아내 자신이 이러한 일들에 관심이 없다는 것입니다. 보통 우리나라 목회자의 아내들은 남편이 없는 빈 집에서는 가정일에 바쁘고, 교회에 나오시는 업고 나온 아기를 어르다가 남편의 모임에 방해가 되면 밖에 나와 기다리는 삶을 살아갑니다. 사역의 주변에서 이러한 삶을 살아가는 목회자의 아내들을 볼 때마다 참으로 마음이 아픕니다. 목회자도 자신의 사역에 정신이 없다 보니 아내가 목회에 있어 가장 든든한 동역자라는 사실을 미처 깨닫지 못하고 아내와 함께 목회하는 법을 배우려고 하지 않습니다.

하나님께서는 부부가 함께 마음을 모아 간절히 기도하는 곳에 은혜를 베푸십니다. 사역이 생각처럼 잘 진행되지 않을 때 부부가 함께 회개하고 금식하며 철야도 하면 사역을 도우시고 사람도 보내 주십니다. 옆에서 볼 때에는 단순하게 사람이 늘어난 것처럼 보이지만 보이지 않는 곳에서는 소쩍새 우는 사연이 있는 것입니다. 목회자의 아내가 남편에게 영혼들의 기도 제목을 묻고 비록 집에서라도 그 제목들을 붙잡고 기도할 때 그 또한 분명히 사역에 동참하고 있는 것입니다. 그리고 자신의 기도를 들으셔서 하나님께서 역사하고 계심을 분명히 깨닫게 됩니다. 목회는 마치 다리 두 개를 묶고 뛰는 것과 같습니다. 홀로 빨리 가는 것이 아님을 기억하며 함께 공유하고 사역해 나가야 합니다.

지체들과의 관계

또 하나 사역적인 측면에서 살펴볼 내용은 지체들과의 관계입니다. 목회자의 아내는 특별히 교회학교의 여자 선생님들과 사모로서 어머니와 같은 교제를 하는 것이 중요합니다. 지체들에 비해 자신이 어려 그 역할을 잘 할 수 있을까 하는 생각이 들 수도 있겠지만 이것은 나이의 문제와는 전혀 상관없는 것입니다. 여기에서 어머니와 같은 교제를 하라는 것은 마치 육신의 어머니가 자식에게 그러하듯, 영적인 어머니가 되어 인격적으로 깊이 사랑해 주고 염려하고 생각하고 진심을 표하라는 의미입니다.

그러한 마음으로 지체들을 대할 때 사람들은 기대고 싶은 마음이 생기고 차마 전도사님에게는 말하지 못한 이야기도 사모님에게는 털어놓게 됩니다. 나중에 목회를 할 때에도 보면 사람들이 목사님보다도 사모님을 많이 찾아옵니다. 지체들이 찾아올 때 지혜로운 말로 위로해 주고 진심으로 사랑해 준다면 남편의 사역은 조금 더 비옥해지게 됩니다. 지체들 속에서 남편과 함께 따뜻한 지도자

▌ 교회 창립 18주년을 맞는 추수감사절 때 300인분의 해물 떡볶이를 조리한 대형 철판 앞에 서서 성도들에게 떡볶이를 담아 건네주는 내 모습. 나는 설교단에서는 진지하고 타협 없는 말씀을 전하고자 노력하지만, 때로는 이렇게 셰프복을 입고 성도들을 위해 요리해 주는 것도 좋아한다. 설교자의 품위를 잃지 않으면서도 그들과 나 사이의 거리감을 조금이라도 줄일 수 있다면 좋겠다고 생각한다.

로 인정받을 수 있어야 하며, 젊은 선생님들뿐 아니라 나이가 많은 선생님들이 볼 때에도 의젓하고 신앙심이 깊고 단호하며 열심히 자신의 사역을 감당해 나갈 수 있는 영적인 어머니의 자질을 갖추어야 합니다.

교구에서는 교사로 섬기도록 교회학교에 사람들을 보냅니다. 그런데 은혜를 많이 받은 지체들임에도 불구하고 섬기는 도중 완전히 미끄러지는 경우가 있습니다. 그것은 교회학교 사역자들의 책임이 상당히 크다고 생각합니다. 교회학교 사역자와 사모는 은혜가 충만하여 찾아온 교사들이 더욱 충성되게 섬길 수 있도록 목양해 주어야 합니다.

반대의 경우도 있습니다. 교회학교에서는 교사의 수가 부족하여 요청하는데 교구나 대학 청년부에서도 일꾼이 필요합니다. 그래서 잘 다듬어진 일꾼보다 신앙은 있지만 아직 덜 성숙한 사람들을 보내 줄 때가 있습니다. 더구나 이들은 교구 담당교역자와는 목양 관계가 형성되어 있는 반면 교회학교 교역자와는 목양 관계가 형성되어 있지 않은 경우가 대부분입니다.

하지만 부정적으로 생각할 필요는 없습니다. 덜 성숙한 사람이든지 목양 관계가 형성되어 있지 않은 사람이든지 따뜻하게 사랑으로 대해 준다면 교사로 섬기며 은혜받고 변화되어 교회학교에 목숨 걸고 충성하는 사람으로 바뀔 수 있습니다. 모르면 가르쳐 주고 혼자 기도할 수 없으면 손잡고 같이 기도하면서 은혜 안으로 들어오게 하면 되는 것입니다.

『교사 리바이벌』이나『참 목자상』같은 책을 가지고 1년에 한 번씩 정기적으로 부흥회 수준으로 스터디하고, 심방하는 날은 같이 심방하고, 학교 앞에서 하루 종일 전도하며 직접 사역을 전달해 줄 뿐 아니라 저녁도 함께 먹으면서 이야기를 나눈다면, 이전에 서먹서먹했던 관계가 점차 아름다운 관계로 발전해 갈 수 있을 것입니다.

그렇기 때문에 어느 누구든지 교사로 섬기겠다는 사람들이 찾아오면 그들을 섬기고 사랑해 주고 가르쳐 주는 목양을 해야 합니다. 교사 모임 자체에 은혜가 있기 때문에 교사들이 그 모임에 참여하고 싶은 아름다운 공동체가 되도록 애써야 합니다. 만약 이러한 공동체가 형성되고 그것을 중심으로 역량을 키워 나간다면 영혼들이 변화되고 구원받는 도구가 되는 것입니다.

말씀의 지식

이 시절에 성경을 많이 읽어 그 자체에 대한 지식을 충분히 갖추는 것은
깊고 넓은 신학 공부의 토대가 됩니다.
공부와 사역 두 가지를 다 잘해 나가는 것이 쉬운 일은 아니지만
지혜롭게 시간을 사용하면서 말씀을 아는 지식의 진보에 힘써야 합니다.

교회학교 사역자와 말씀 연구

　교회학교를 전체적으로 책임지는 경우가 아니라면 대부분 사역자들은 파트타임으로 봉사하는 신학생들일 것입니다. 물론 경우에 따라서는 교구를 맡으면서 부수적 업무처럼 교회학교를 담당하는 경우도 있을 것입니다. 하지만 일반적으로 대부분의 교회학교 사역자들은 신학교에 다니면서 교회 사역을 병행하고 있으며, 갓 결혼하여 새롭게 가정까지 꾸리느라 좌충우돌하는 경우가 많습니다. 이런 상황에서 개인적으로 말씀을 연구하며 지적으로 성장해 나가기란 결코 쉽지 않을 것입니다.

　그러나 아직 신학교에 다니고 있는 이 시기야말로 목회 사역에 임하는 태도와 삶의 방식이 결정되는 중요한 때입니다. 따라서 이 시기에 신학 공부는 공부대로, 사역은 사역대로 치열한 열심으로 마음을 다해 힘쓰지 않으면 쓸모없는 사람이 되고 맙니다. 신학 공부와 사역 두 가지를 다 잘해 나가야 하기 때문에 특별히 시간 사용의 지혜가 필요합니다.

저의 경험에 의하면 학기 중에는 학교 수업과 과제에 집중하는 것이 좋습니다. 물론 학기 중이라도 주말에는 맡겨진 사역에 성실하게 매진해야 합니다. 그렇게 학기 중에는 주말을 이용해 목회 사역을 감당하다가, 방학 중에는 교회 봉사를 위한 시간 계획을 지혜롭게 수립해서 미진했던 부분을 섬기고, 미처 돌보지 못한 사역의 부분이 있다면 세심하게 고민하고 관리해야 합니다.

하지만 이 모든 과정 가운데에서도 자신의 말씀을 아는 지식의 진보를 위해 절대적인 시간을 확보하는 것을 놓치면 안 됩니다. 기독교 고전과 일반 고전, 신학 서적과 일반서 그리고 영적 거장들의 경건 서적과 설교들을 읽는 것을 규모 있게 병행해야 합니다. 물론 신학 지식과 영적 은혜를 함께 전달해 주는 것들이라면 최고의 교재가 될 것입니다. 이러한 독서의 실제적인 성취를 위해서는 하루에 최소 몇 페이지의 책을 읽겠다는 구체적인 목표를 세우는 것도 도움이 되고, 어떤 주제에 대한 연구 계획을 미리 세우고 그것을 이루도록 노력하는 방법도 좋습니다.

특히 영적 대가들의 설교문들을 읽는 일을 소홀히 하지 말기 바랍니다. 그런 설교들 속에는 신학 지식과 수준 높은 영적 통찰이 어떻게 실제적인 삶으로 나타나게 되는지에 대한 탁월한 지혜가 담겨져 있습니다.

무엇보다도 이 시절에 성경을 많이 읽어 그 자체에 대한 지식을 충분히 갖추는 것은 풍성한 신학 공부의 토대가 됩니다. 이때 수준 높은 주석이나 스터디바이블을 곁에 두고 함께 읽는다면 성경 지식을 함양하는 훌륭한 방식이 될 것입니다. 이렇게 성경을 읽어 가는 동안 만나게 되는 특별한 구절들을 묵상하고 정리해 두는 것은 꼭 추천할 만한 성경공부 방법입니다.

목회자의 아내가 힘써야 할 일

말씀의 지식에서 자라감

사실 이러한 강조점은 목회자보다 목회자의 아내에게 더 필요한 대목입니다. 사모들 또한 양떼이기 때문에 목양을 받아야 합니다. 어떤 사모들은 대화를 하다 보면 특별한 돌봄이 필요하다고 느껴집니다. 거룩하게 신앙생활을 하고자 하는 갈망을 가질 때 성장에 대해 사모하게 되는데, 그러한 것들이 없어 독서를 하지 않게 되고 또 독서를 하지 않기 때문에 성장이 이루어지지 않고 있습니다.

따라서 제가 부탁하는 것은 우선 성경을 꾸준히 읽는 습관을 잃지 않아야 하는 것과 기회가 있는 대로 배우라는 것입니다. 열린교회의 사모구역은 이러한 점을 깊이 생각하며 만들었습니다. 사모구역에서 이루어지는 스터디에 열심히 참여하고, 교회학교에서 교

교회에서 열심히 성경공부를 하고 있는 성도의 모습. 목회자의 아내는 교역자도 아니고 평교인도 아닌 애매한 신분 때문에 교회의 각종 교육 과정에서 소외되기 쉽다. 그래서 열린교회에서는 새로 들어온 사모는 누구든지 교회의 새 가족과 동일한 양육 프로그램을 사모 공동체 안에서 제공받게 한다.

사들과 함께 성경공부를 하며 적극적으로 배워야 합니다. 가장 추천할 만한 방법은 남편에게 직접 배우는 것입니다.

또한 목회자의 아내에게는 항상 읽고 있는 책이 있어야 합니다. 독서를 통해 하나님과 창조 세계, 인간에 대한 지식의 지평을 확장해 나가야 합니다. 더불어 교리를 공부하는 일에도 힘써야 합니다. 성경을 읽는 것과 교리를 공부하는 것은 밀접한 관계가 있습니다. 체계화된 교리적 지식은 성경에 대한 이해의 깊이를 더해 주고, 성경에 대한 깊은 이해는 교리적 지식을 더욱더 체계적으로 만들어 줍니다.

주제를 따라 성경을 공부하는 것도 좋은 방법입니다. 하나의 주제를 제대로 공부할 때 다른 주제들도 더 잘 이해할 수 있는 눈이 열리기 때문입니다. 성실하게 차곡차곡 말씀의 지식들을 쌓아 가야 합니다.

이렇게 쌓아 올린 지식들은 사모들의 상담 사역에 결정적인 도움이 됩니다. 사모들은 남편처럼 설교할 기회는 거의 없지만 상담을 할 수 있는 기회가 상당히 많습니다. 그런데 모든 사역의 꽃이라 할 수 있는 상담 사역에서의 처방은 신학, 신앙의 경험, 자신의 실패와 같은 인생의 경험, 인격 등 모든 것들이 용해되어 마지막에 나오는 것입니다.

그렇기 때문에 사모들은 열심히 지식의 성장을 위해 애써야 합니다. 훗날 사모들은 자신이 성실하게 쌓아 올린 지식들이 목회에 반드시 사용된다는 것을 경험할 것입니다.

남편을 독서로 자극함

또 하나는 사모들이 남편들을 독서로 자극해야 한다는 것입니다. 고등부 사역을 한다면 고등부 사역자들에게 요즘 널리 읽히고 있는 책들에 대한 정보를 알아야 하고 또 그 책을 읽어야 합니다. 그런데 어떤 교역자들은 그러한 것들에 대해 깜깜한 경우가 있습니다. 사모들은 바로 이러한 부분에서 남편을 자극해 주어야 합니다. 기독신문 같은 곳을 참고하여 청소년 집회에 자주 불려 다니는 영향력 있는 사역자들을 찾아보고, 남편이 사역 때문에 바쁘다면 자신이 직접 전화를 걸어 책이나 테이프를 신청해서 먼저 들어 보고 남편에게도 이야기해 주는 것입니다. 물론 이럴 때는 부드럽고 지혜롭게 말할 수 있어야 합니다.

남편들은 이러한 사모의 노력에 자극을 받고 열심히 배우려는 자세를 가져야 합니다. 사모가 권해 준 자료들이 비록 자신의 신학적인 견해와 조금 다르더라도 들어 보고 소화할 수 있어야 합니다. 자기 나름대로 이미 무언가 확신하는 바가 있어 사역의 새로운 경지를 개척해 나가는 수준이 아니라면 겸손하게 읽고 배우는 자세가 필요합니다. 그런 경우가 아님에도 불구하고 배우지 않는 것은 주관이 뚜렷해서가 아니라 게으르기 때문입니다. 그러한 목회자는 자신을 돌아보며 반성할 기회를 가져야 합니다. 목회자이기 이전에 하나님의 자녀로서 매일매일 꾸준히 영적으로 성장해 나가야 합니다.

또한 목회자는 요즘 청소년들이 즐겨 읽는 책이 무엇인지를 알아야 합니다. 그런 책들을 읽는 것은 자신이 맡고 있는 영혼들의 생각과 삶을 이해하는 데 도움을 줍니다. 아무리 신학적인 지식이 많고 학식이 높다 하더라도 영혼들의 실제적인 고민이나 지금 그들이 가지고 있는 생각을 알지 못한다면 그들을 이해할 수도 없고

▌ 한 성도가 구내 서점에서 무슨 책을 구입할지 심사숙고하고 있다. 교인들의 신앙을 지식의 기반 위에 세우는 데 도서관이나 북카페, 구내 서점 등의 시설은 매우 유용하다. 이 작은 구내 서점에서 엄청나게 많은 책이 팔리는 것을 보면 교회의 미래에 대한 기대감이 생긴다.

그들과의 접촉점을 찾지도 못할 것입니다. 그러므로 자신이 맡은 영혼들이 읽는 책들을 찾아 읽어 보고 그 안에서 아이들의 삶의 모습을 발견해 나가야 합니다.

배움의 자세를 가짐

대부분의 목회자들은 다 교회학교를 거쳐 가게 되어 있습니다. '거쳐 간다.'는 말에 혹 동의하지 않는 사람도 있을 것입니다. 하지만 여기에서 거쳐 간다는 말은 교회학교가 중요하지 않다는 의미가 아닙니다. 일평생 청소년 사역자, 어린이 사역자, 유치부 사역자로 헌신한 경우가 아니라면 목회자는 언젠가 교회학교를 떠나 교구를 거쳐 단독 목회의 길을 가야 합니다. 그러기에 교회학교는 거치는 것이고 또 거쳐 가야 합니다. 이때 가능하면 가장 어린 아이들의 부서에서부터 고등부까지 경험해 볼 것을 권합니다. 그렇게 할 때 후에 담임목사가 되어 부서의 사역자들을 지도해 줄 수 있기 때문입니다.

이때 목회자는 한번 떠난 부서 사역에 다시 돌아오는 일이 없습니다. 고등부를 사역하다가 장년부에 가면 다시 고등부에 내려오는 일은 없습니다. 그렇다고 해서 다시 오지 않을 사역이기 때문에 그 시간을 소홀히 여겨서는 안 됩니다. 짧은 기간 동안 머물러 있을지라도 현재 맡은 부서가 자신의 최종 사역지인 것처럼 온 마음으로 사역에 임해야 합니다. 그리고 단기간 내에 이 사역과 관련된 모든 것을 섭렵하고 이곳에서 생애적인 간증을 남겨야겠다는 각오로 철저하게 헌신하며 배워 나가야 합니다. 다시는 이 사역을 맡을 기회가 없다는 사실로 인해 오히려 그 기간을 더욱 소중히 여기는 것입니다.

아내들은 읽고 자극하고 또 읽고 자극하고, 남편들은 자극을 받아 배우고 익혀야 합니다. 사역자들도 청소년 부서는 청소년 부서끼리, 어린이 부서는 어린이 부서끼리 좋은 책이 있으면 사서 같이 돌려 보고 가끔 두세 가정이 모여서 책나눔도 하며 함께 성장해 나가야 합니다. 때로는 배움의 과정이 고되고 힘들지만 하나님께서 자신에게 영혼을 맡겨 주심을 기뻐하며, 자발적이고 감사한 마음으로 감당해 나갈 때 지식도 함께 쌓이게 될 것입니다.

함께 동역함을 배움

가시 같은 동역자도 있을 수 있습니다.
그러나 그렇다고 그를 비방하고 대적한다면
그것은 그리스도의 몸을 해치는 것입니다.
예수 그리스도께서는 우리에게 어떻게 사랑으로 정의를 완성해 가는지
삶으로 보여주셨습니다.

그리스도의 몸인 교회

네 번째는 동역자들에 대한 사랑입니다. 동역자들에 대한 사랑을 말하기에 앞서 교회에 대한 이해가 먼저 필요합니다. 교회는 부서들이 나누어져 있지만 분양한 상가의 데파트가 아닙니다. 분양한 상가의 데파트에서는 한 장소에 있는 여러 가게들이 비교적 질서 있게 공존하는 것같이 보이지만 손님이 지나가면 자신의 가게에서 물건을 사게 하기 위해 경쟁적으로 다툽니다. 즉, 함께 있으나 분양되어 각기 벌어서 먹고 사는 동네입니다.

교회는 그렇지 않습니다. 교회는 머리이신 그리스도께 붙어 있는 몸입니다. 그렇기 때문에 서로가 서로를 자신의 일부로 생각해야 합니다. 혹 교회 생활을 하다 보면 마음에 안 드는 점들이 발견됩니다. 가시 같은 이들도 있게 마련입니다. 자신에 대해서 모든 사람이 좋다고 생각하지도 않고 또 자신의 마음에 들지 않는 사람도 있습니다. 그럴 때 사람들을 비방하고 대적하는 것은 그리스도

| 2013년 청년교구 섬김이들을 위한 행사에서 두 자매가 서로를 꼭 안은 채 기도하는 모습. 동역자들 사이의 갈등은 대개 열심의 갈등인 경우가 많다. 모두 교회와 성도들을 사랑하지만, 일처리에 대한 생각의 차이에서 갈등을 겪기도 한다. 이때 서로 마음으로부터 화해하지 않으면 기도의 문은 닫히고 만다.

의 몸을 해치는 것입니다.

발에 티눈이 생긴 경우를 떠올려 보면 잘 이해가 됩니다. 엄지발가락에 티눈이 났는데 그것이 아프다고 엄지발가락을 잘라 내는 사람은 없습니다. 엄지발가락은 고사하고 아픔 때문에 티눈조차 칼로 쉽게 빼내지 못합니다. 약도 발라 보고 바람도 쐬어 보고 마사지도 해 보고 소금물에도 닦아 보고 안 되면 의사도 찾아가 봐서 더 이상 방법이 없을 때 그 부분만 최소한으로 잘라 내어 수술해 달라고 합니다. 왜냐하면 자신이 몸의 일부이기 때문입니다.

교회도 마찬가지입니다. 그리스도의 몸인 교회에서 다른 사람이 온전한 삶을 살지 못할 때 그것을 자신의 아픔으로 여겨야 합니다. 형제자매의 잘못된 모습을 자신의 아픔으로 여기고 끌어안고 기도해야 합니다. 부족한 동역자도 깊이 사랑하고 자신의 가족같이 생각해야 합니다. 그리고 진심으로 그 영혼을 위해 기도해야 합니다.

나아가 동역자와의 교제 자체를 경계하지 말고 즐거워하고 기뻐할 수 있어야 합니다. 혹 동역자에 대해 좋지 않은 이야기가 들릴 때는 그것을 경계하고 마음에 오해가 생기기 전에 자주 대화하고 함께 교제하며 문제들을 의논하고 함께 풀어 갈 수 있는 사람들이 되어야 합니다.

덕을 세우는 질서

사역을 시작하는 교회학교의 교역자들에게 그리스도의 몸에 대한 사랑과 함께 가르쳐야 할 것은 질서에 관한 것입니다. 이 질서는 군대적이고 규율적인 질서를 의미하는 것이 아닙니다. 군대적이고 규율적인 질서는 인위적인 질서로 이것은 오히려 성경의 가르침과는 거리가 먼 질서입니다. 성경적인 질서는 인위적인 질서가 아니라 덕을 세우는 질서입니다. 바울은 "사랑은……무례히 행하지 아니하며"(고전 13:4-5)라고 말하고 있습니다. 우리는 흔히 사랑하는 관계에서는 예의와 격식을 차릴 필요가 없다고 생각합니다. 하지만 성경은 그렇게 말하지 않습니다. 사도 바울은 질서의 하나님을 이야기합니다.

예를 들면 교역자들이 같이 앉아 예배를 드리거나 식사를 할 때 담임목사가 가운데 앉는 것은 당연한 일입니다. 담임목사가 들어와 자리에 앉으면 그 자리에 따라 좌석이 재편되어 가까이에 목사들이 앉고 조금 떨어진 곳에 강도사들이 앉고 그 다음 전도사들이 앉는 것은 자연스러운 질서입니다. 예수님께서도 "혼인 잔치에 청함을 받았을 때에 높은 자리에 앉지 말라"(눅 14:8)고 말씀하시면서 청한 자가 와서 "벗이여 올라 앉으라"(눅 14:10) 하면 영광이 있지만 "이 사람에게 자리를 내주라"(눅 14:9)고 한다면 부끄러워 끝자리로

▌ 2013년 겨울 교역자 수련회 당시 열린 목회 사역 평가회. 담임목사의 임무는 부교역자들의 일을 대신하거나 평신도들의 봉사를 보충하는 것이 아니다. 그의 임무는 무질서에 질서를 부여하고 질서를 따르지 못하게 하는 방해 요인을 자신의 권한으로 제거해 주는 것이다.

가게 될 것이라고 말씀하셨습니다.

이것은 비단 자리에 앉는 문제에서만 그치는 것이 아닙니다. 사역을 할 때도 질서를 지키고 자신의 위치를 아는 것이 매우 중요합니다.

오래전 일입니다. 저희 교회의 어느 부목사와 함께 심방을 가게 되었습니다. 담임목사와 부목사가 함께 심방을 간 것입니다. 그런데 심방할 가정에 들어서자마자 그 부목사가 심방을 주도했습니다. 요즘 어떻게 지내는지 근황을 묻고 자신이 교훈을 주었습니다. 담임목사는 조용히 앉아 있게 하고 말입니다.

이때의 심방은 담임목사가 간 것이고 부목사를 비롯한 다른 사람들은 동행한 것입니다. 그렇다면 부목사의 역할은 담임목사가 심방을 받는 사람과 대화를 잘 이룰 수 있도록 돕는 것입니다. 그런데 만약 동행한 부목사가 그 심방을 주도하려 한다면 그것은 심방의 목적과 자신의 위치를 파악하지 못한 것입니다. 그런 태도로 계속 사역을 한다면 평판은 물론, 목회의 결실도 기대하기 어려울 것입니다.

이러한 질서를 올바로 세워 나가기 위해 교역자는 사역 가운데 지켜야 할 에티켓이 무엇인지 잘 알아야 합니다. 그러기 위해서는 자신을 알 뿐 아니라 다른 사람들을 이해하고 그들의 입장을 배려하는 성숙한 자세가 필요합니다.

고양이와 개는 언제나 싸웁니다. 왜냐하면 개와 고양이는 각자의 행동에 대한 해석이 다르기 때문입니다. 개는 기분이 좋으면 꼬리를 들고 두렵거나 굉장히 기분이 좋지 않을 때는 꼬리를 내립니다. 고양이는 기분이 좋을 때는 꼬리를 내리고 그 반대의 경우는 꼬리를 듭니다. 그래서 고양이의 입장에서 개는 자기만 보면 꼬리를 쳐들고 공격적인 태도로 반응하는 상대이고, 반대로 개의 입장에서 고양이는 매일 꼬리를 내리고 기분이 좋지 않다고 하는 상대입니다. 이렇다 보니 고양이와 개는 아옹다옹할 수밖에 없습니다. 절대적으로 잘못한 것은 아니지만 서로에 대한 이해가 부족하기 때문에 소통이 잘 되지 않는 것입니다.

더욱이 이러한 이해와 소통의 부족이 교회의 질서를 깨뜨릴 때는 더욱더 큰 문제를 가져옵니다. 오랜 세월 목회자로 훈련을 받으면서 자기를 성찰하고 다른 사람들을 이해하는 가운데 목회의 원리와 질서, 예의에 대한 감각을 길러 나가야 합니다.

교양과 섬김

운동선수들이 수만 번의 연습으로 어떤 자세를 몸에 배게 하듯
목회자 역시 섬김이 몸에 배야 합니다.
섬김은 평상시 몸에 밴 삶의 자세와 정신이 자연스럽게 흘러나오는 것이지
특별한 상황에서의 특별한 노력이 아닙니다.

경작된 밭과 같은 교양

교회학교 교역자들이 쌓아야 할 또 하나는 교양입니다. 아쉽게도 목회자와 목회자의 아내들 중에 교양이 없는 경우가 많습니다. 여러 가지 이유가 있습니다. 훌륭한 부모님 밑에서 철저하게 교양 수업을 못 받았기 때문이기도 하고, 젊은 나이에 교역자가 되어 어른 대접을 받아 예의 갖추는 일을 모르는 경우도 있습니다. 하지만 어떤 이유라 할지라도 그것 자체가 교양 없는 것을 정당화시켜 주지는 않습니다. 목회자와 목회자의 아내는 먼저 신사와 숙녀가 되어야 합니다.

예전에 학교에서 같이 있었던 목사님이 이런 이야기를 해준 적이 있습니다. 그 목사님이 하루는 다른 목사님들과 같이 호텔에서 커피를 마시게 되었답니다. 그런데 그중 한 분이 느닷없이 식당에 놓여 있는 냅킨을 테이블 위에 놓더니 프림 통에서 프림을 서너 숟가락 퍼내 그 위에 붓더랍니다. 그래서 무엇을 하려는지 지켜봤더

교회에서 주최한 학술 세미나에 참석하여 강의를 경청하고 있는 여성 성도들. 1년에 한두 차례 교회에서 신학생들과 목회자를 위한 학술 세미나를 개최하는데, 중직자들이나 구역장, 특히 탐구열이 있는 평신도들의 참석을 막지 않는다. 그 어려운 신학 강의를 들으며 즐거워하고, 또 질문도 하는 모습이 보기가 좋다. 모든 삶을 지식의 기반 위에, 모든 지식을 삶으로…….

니 "목사님 몰랐죠? 이렇게 구두를 닦으면 기가 막힙니다."라고 말하며 그 프림으로 구두를 닦기 시작했다는 것입니다. 이를 보다 못한 그 목사님이 그분을 만류했다고 합니다. 악의로 한 행동은 아니었겠지만 교양이 없는 행동이었던 것입니다.

한번은 여전도사님과 심방을 간 적이 있었습니다. 굉장히 추운 날로 기억하는데, 심방을 마치고 돌아가려 하자 담임목사를 배웅하러 교인들이 아파트 아래까지 나왔습니다. 추우니까 어서 들어가라고 말해도 끝까지 따라 나오는 것입니다. 발걸음을 떼기가 아쉬워 조금 더 격려와 위로의 말을 건네며 이야기하고 있는데 그 교구 전도사가 사라졌습니다. 알고 보니 목사, 부목사, 사모는 다 바깥에서 인사하고 있는데도 날씨가 추우니까 혼자 차에 들어가서 히터를 켜고 몸을 녹이고 있었던 것입니다. 전도사 사역을 시작한 지 얼마 되지 않아 그랬다고 생각했지만 이러한 경우도 마찬가지로 교양이 없는 행동입니다.

교회학교 교역자들에게 특별히 강조하는 이야기는 밥을 자주 얻어먹지 말라는 것입니다. 뚜렷한 목적을 가지고 식사를 하며 심방을 하는 경우라면 모르지만 평상시에는 그렇게 해서 안 됩니다. 물론 교회학교 교역자들의 대부분이 경제적으로 넉넉한 형편에 있지 않다는 것을 잘 알고 있습니다. 그러나 상대에게 일방적으로 밥을 얻어먹는 것을 당연하게 생각하면 안 됩니다.

교회학교 사역을 할 때는 만나는 사람의 수가 상대적으로 적어 밥을 먹는 경우가 그리 많지 않지만 청년교구와 장년교구에 가게 되면 함께 식사까지 해야 하는 자리가 더욱 많아집니다. 교회학교에서 사역할 때부터 이런 자세를 갖지 않는다면 이후에 그런 자세를 갖는 것이 쉽지 않습니다. 교역자이기 때문에 대접을 받아야 된다고 생각하지 말고 찾아온 사람을 대접할 수 있는 교양을 갖추어야 합니다. 교양은 인간으로서의 품위를 스스로 유지하고 다른 사람을 존중하는 마음과 행동에 밴 정신적 소양입니다.

목회자의 아내들이 지켜야 할 교양도 있습니다. 식사 비용을 아끼기 위해 음식점에 들어가 인원수보다 적게 주문을 하는 경우를 생각해 봅시다. 물론 그중 몇 명이 이미 식사를 하고 왔거나 모두 정말 양이 적은 사람들이라 둘이서 1인분만 먹어도 충분하기에 그런 것이라면 문제가 될 것이 없습니다. 다 먹지도 못할 음식을 잔뜩 시키는 것 역시 교양 있는 태도는 아니기 때문입니다. 그러나 다섯 명이 들어가 3인분만 시키고 공기밥과 밑반찬을 몇 번씩 추가해서 먹는 것은 지양해야 합니다.

손님의 이런 태도는 주인이나 종업원들의 기분을 상하게 합니다. 사모님들이 모였으니 기도하고 식사할 것이고 대화 중에도 교회 이야기가 나올 텐데, 그 음식점에 있는 사람들이 그리스도인에 대해 어떻게 생각하겠습니까?

옷 입는 것에 대해서도 교양을 지켜야 합니다. 사모들은 옷을 사 입을 기회가 많지 않습니다. 저도 그런 사정을 잘 알고 있습니다. 하지만 사모들이 다른 사람들에게 깔끔하게 보이지 않는 일이 있어서는 안 됩니다. 그래서 저는 차라리 두 벌 사 입을 돈을 모아 제대로 된 한 벌을 사 입으라고 합니다. 또한 똑같은 옷이라도 조금 더 신경을 써서 남들이 볼 때 '왜 저렇게 초라할까!' 하는 생각이 들지 않도록 입으라고 이야기합니다.

교회에 나올 때, 전도를 나갈 때는 깔끔하게 옷 매무새를 단정히

하고 나와야 합니다. 이러한 옷차림은 함께하는 사람에 대한 예의이면서 동시에 참여하는 모임에 대한 그 사람의 자세를 보여주는 것임을 명심해야 합니다.

교양을 함양하는 것은 마치 사람이 밭을 경작하는 것과 같습니다. 묵은 땅과 늘 경작하던 밭은 다릅니다. 늘 경작하던 밭은 부드럽고 정돈되어 있지만 묵은 땅은 가시와 엉겅퀴가 무성합니다. 목회자의 아내들은 이와 관련된 책을 통하여 교양과 예의를 배우고 또 남편에게도 가르쳐 줄 수 있어야 합니다.

어떤 상황에서 누구를 만나든지 교양 있게 행동하는 법을 배우는 것은 교역자에게 꼭 필요한 일입니다. 사역을 감당해 나가면서 교양과 예의를 갖춘 생활을 하려면 교회학교 시절부터 교양과 예의를 배우고 익혀 몸에 밸 수 있게 해야 합니다.

몸에 배야 할 섬김

또 하나는 섬김입니다. 섬김은 우리 몸에 배야 하는 행동입니다. 교회 안에 있는 카페에서 있었던 일입니다. 어떤 아이가 소파 위에 올라가서 뛰놀다가 떨어졌습니다. 다행히 나무 바닥이어서 크게 다치지는 않았지만, 아이가 넘어질 때 큰소리가 났습니다. 그런데 문제는 그 앞에 앉아 있던 교역자가 그것을 보고 가만히 있었던 것입니다. 그 교역자가 성품이 나빠서라기보다는 대화를 하다 '쿵' 하는 소리가 나니까 보고 단순히 '떨어졌구나!' 생각을 하고 나서 다시 옆사람과의 대화에 몰두하였던 것입니다.

그런데 마침 그 장면을 멀리서 아이의 엄마가 보았습니다. 엄마는 교역자의 그런 모습을 보고 실족하고 말았습니다. 사실 대화에 열중하다 보면 그럴 수도 있습니다. 애가 크게 다친 것도 아니고 피가 나는 것도 아니고 또 교육적인 측면에서는 거기에서 떨어졌더라도 스스로 일어나도록 일으켜 주지 않는 것이 오히려 좋을 수도 있습니다.

그런데 엄마는 그렇게 생각을 복잡하게 하지 않습니다. 그저 그 교역자가 아이에게 얼른 달려가 일으켜 세우면서 괜찮은지 물어보고 머리라도 만져 주고 달래 주기를 원할 뿐입니다. 그 교역자가 그렇게 하지 못했던 이유는 평소에 그런 태도가 몸에 익지 않았기 때문입니다.

테니스 경기를 보면 상대방의 코트를 향해 서브를 넣는 멋진 폼이 있습니다. 다리를 쭉 뻗고 하늘을 향해서 발레를 하듯이 날아오르는 모습입니다. 그렇게 멋진 폼으로 경기를 할 때 관중들은 감탄을 합니다. 하지만 멋진 자세는 한 번의 노력으로 나오는 것이 아닙니다. 스매싱할 때 자연스럽게 그런 폼이 나오게 되기까지 약 3만 번의 연습이 필요하다고 합니다.

교회 마당에 조성된 칼빈파크의 정경. 나의 경건과 학문에 가장 깊은 영향을 주었던 네 인물, 아우구스티누스, 칼빈, 존 오웬, 조나단 에드워즈의 이름을 따서 교회 구석구석에 네 개의 파크를 만들어 놓았다. 성도들에게 신앙의 뿌리를 알게 하는 데 유익했다.

야구선수들도 마찬가지입니다. 피칭할 때 다리의 움직임이 절묘합니다. 투수가 공을 던지기 위해 다리를 들 때 뻣뻣하게 올라가는 것이 아니라 마치 물결치듯이 선을 그리며 와인드업하여 공을 던집니다. 야구선수들의 그 아름다운 투구 폼도 수만 번의 연습으로 동작이 몸에 밴 결과입니다.

섬김도 마찬가지입니다. 섬김의 정신이 몸에 밸 수 있도록 부단히 애를 써야 합니다.

양떼들을 보며 염려만 하는 것이 아니라 섬김의 정신이 몸에 배어 있어 먼저 움직여야 합니다. 자연스럽게 섬김이 몸에 배어 있으면 어느 자리에 가더라도 먼저 방석이라도 준비하고 싶고, 물이라고 떠 오고 싶고, 더러우면 방이라도 치우고 싶게 됩니다.

한번은 교회 천장에서 물이 떨어지고 있었습니다. 제가 옆에서 지켜보니 전도사도 지나가고 목사도 지나가고 주일학교 학생들도 지나갔습니다. 그런데 우리 교회 사모 중 한 분이 지나가다 그것을 보더니 어디론가 부지런히 사라졌습니다. 그 사모는 어디서 구해왔는지 걸레를 가져와 짜내고 다시 빨고 짜내고 다시 빨아 물기를 모두 닦았습니다. 아무도 보는 사람 없는 그때에도 평상시 배어 있던 섬김이 흘러나온 것입니다. 처음 사역을 시작하는 교회학교 교역자 시절부터 그런 섬김의 정신들이 몸에 배도록 해야 합니다.

성과보다 중요한 자세

교회학교에서는 하나님께서 물 붓듯 부어 주시는 사역적인 축복을 경험하는 일이 비교적 드뭅니다. 나중에 뛰어난 설교자로 인정받게 된 목회자들 가운데에도, 교회학교에서 사역하는 동안에는 두각을 나타내지 못했던 사람이 많습니다.

그래서 저는 교회학교에 속한 교역자들의 사역을 단순히 출석의 증가로 판단하지 않습니다. 제가 항상 문제를 삼는 것은 자세입니다. 다른 부분은 몰라도 사역에 임하는 자세가 잘못되었다고 생각이 들 때에는 적극적으로 그 부분을 지적하고 고쳐 주고자 합니다.

교회학교 사역을 하다 보면 좀처럼 열매는 보기 어렵고, 여러 가지 열악한 환경과 자신의 한계만 크게 느끼기가 쉽습니다. 그러나 늘 부족함을 절감하면서도 포기하지 않고 애를 쓰며, 마치 천수답에 물을 퍼 나르듯이 열심히 맡겨진 사명을 감당해 나가야 합니다. 이것이 바로 교회학교 사역자들에게 필요한 자질이며, 갖추어야 할 태도입니다.

기도 생활

누구에게나 기도는 자신의 한계를 넘어야만 가능한 사역입니다.
헌신하는 삶과 영혼을 향한 깊은 사랑으로 준비된 사람들만이
영혼을 위한 간절한 기도를 드릴 수 있습니다.

어려움을 이기고 기도함

목회자의 아내에게 고유한 사역이 두 가지 있습니다. 하나는 목회자의 아내가 되는 것이고 다른 하나는 기도하는 것입니다. 나머지는 모두 교회가 커지면 다른 이들에게 넘겨줘야 하는 사역입니다. 목회자의 아내가 되는 부분은 이미 정해진 것이지만 문제는 기도입니다. 왜냐하면 사모들만큼 기도하기가 어렵고 방해를 많이 받는 사람도 없기 때문입니다. 부모님을 모시는 사람들도 있고, 애를 두 명 이상 그것도 연년생으로 혹은 쌍둥이로 낳아 키우는 사람들도 있습니다. 그러한 상황에서 기도 생활에 열중하는 것은 결코 쉬운 일이 아닙니다. 따라서 기도 사역을 위한 방법을 알고 노력을 기울여야 합니다.

먼저 시간을 확보해야 합니다. 시간을 확보하기 위해서는 우선 삶을 단순하게 만들어야 합니다. 하루에 자기가 시간 사용하는 것을 체크해서 불필요하게 낭비되는 시간들은 과감하게 버려야 합니다. 과도하게 장을 오래 본다든지, 텔레비전을 보는 일들로 쓸모없이 시간을 소모해서는 안 됩니다. 생애 마지막 날이라 하더라도 반드시 해야 된다고 생각되는 일들을 위주로 하여 삶을 단순하게 만들어야 합니다.

또 끝이 없고 한이 없는 집안일을 신속하게 해내는 방법을 터득해야 합니다. 결혼한 지 얼마 되지 않는 사람들은 집안일을 할 때 오랜 시간이 필요합니다. 김치 하나 썰 때에도 도마 닦고 칼 닦고 행주로 훔치고 또 썰고 물을 트는 등 분주하고 정신이 없습니다. 이런 것들은 지혜를 배워 빨리빨리 처리하는 방법을 터득해야 합니다. 빨래도 한꺼번에 몰아서 하는 등 살림을 하기 위해 흩어져 있는 시간들을 한쪽으로 모으는 연습을 해야 합니다.

목회자의 아내들끼리 연대의식을 가지고 일을 분담하는 것도 환경을 정돈하는 좋은 방법이 될 것입니다. 결혼하고 나면 신경이 많이 쓰이는 일 가운데 하나가 반찬 만들기입니다. 반찬 만드는 일은 간단한 것이라 하더라도 손질하고 양념을 해서 조리까지 하고 나면 생각보다 많은 시간이 소모됩니다. 그렇기 때문에 함께 지혜를 모아야 합니다. 사모구역에서 모이게 될 때 각자 해 올 반찬을 정하고 평상시보다 많은 양을 만들어 서로 나누는 것입니다. 여러 가지 반찬을 만들 때는 손이 많이 가고 그만큼 시간이 걸리지만 한 가지 반찬의 양을 늘리는 것은 그다지 많은 시간이 걸리지 않습니다. 이렇게 연대의식을 갖고 서로 돕는다면 기도하는 시간을 벌게 될 것입니다.

어떤 사모는 아이를 매일 유치원에 보내는 일을 힘들어 합니다. 이럴 때도 마찬가지로 이웃에 같은 유치원을 다니는 아이들을 모아 요일을 정해서 엄마들이 서로 돌아가며 아이들을 데려다 주는 것도 훨씬 좋은 방법입니다. 그렇게 되면 아이를 데려다 주는 횟수가 줄어들어 그만큼 시간을 확보할 수 있게 될 것입니다.

시간을 벌기 위해 다양하게 노력하는 마음을 가지면 지혜가 생깁니다. 시간 자체가 없는 것이 아니라 지혜가 없어서 시간이 없을 때도 있습니다. 일단 기도는 시간과 건강이 받쳐 주지 않으면 마음이 있어도 못합니다. 그렇기 때문에 우선은 기도하기 위한 시간을 의지적으로 내야 하고, 그 다음에는 기도를 위한 절대적인 시간을 마련하기 위해 환경을 정돈해야 합니다.

두 번째로 남편들이 도와주어야 합니다. 교회학교 교역자들은 하루에 1시간 반 이상 아내의 기도를 위해 시간을 내줘야 합니다. 아내가 기도를 하기 위해 교회에 가 있는 동안 가정 일을 돕는다면 사모는 기도하는 시간을 얻게 될 뿐 아니라 가정 일에 들이는 에너지와 시간까지 절약하게 됩니다. 그렇게 될 때 사모들은 보다 많은 삶의 여유를 가지게 되고 나아가 기도로 충만해져서 남편의 사역에 도움을 주는 역할을 감당하게 됩니다. 남편들은 아내의 기도 시간을 위한 일이 자신의 시간을 낭비하는 것이 아니라 오히려 도움이 되는 것임을 알고 적극적으로 협력해 주어야 합니다.

그럼에도 불구하고 여건이 어려운 것이 사실입니다. 기억해야 하는 것은 여러 가지 한계가 있지만 그 한계를 뛰어넘어 기도하는 일이 무엇보다 필요하다는 것입니다. 어느 자매가 아기를 낳아 기르고 있었습니다. 아기가 자는 시간이라도 기도를 하라 했더니 그 자매는 아기 자는 시간에 자신이 안 자면 체력이 지탱이 안 된다고 말했습니다. 아기가 잠에서 깨어나면 다시 엄마에게 달라붙기 때문입니다. 이처럼 항상 상황이 그렇게 만만하지 않습니다. 하지만 그걸 싸워서 이겨야 됩니다.

하나님께서는 사람들을 쓰실 때 한계를 뛰어넘는 사람들을 사용하십니다. 사람마다 한계치는 차이가 많이 나지 않습니다. 어떤 사람이 사역을 감당할 때 "아, 도저히 나는 이 이상 못하겠다." 하는 범위가 있습니다. 거기까지는 다른 사람도 하는 정도입니다. 엄청난 차이가 있는 것이 아닙니다. 특별한 사람 이외에는 "나는 도저히 못하겠다." 하는데 후임자가 와서 "이 정도는 봄날에 노는 거네."라고 말하는 사람은 없습니다. 문제는 대부분이 거기에서 내려놓는다는 데 있습니다.

어느 소년이 있었습니다. 그 소년은 할아버지로부터 옛날에 저기 보이는 산에 금광이 있었다는 이야기를 들었습니다. 전설 같은 이야기였지만 들으면 들을수록 확신이 생겼고, 후에 어른이 되었을 때 그 산을 사서 파헤치기 시작했습니다. 그랬더니 진짜 금이 있을 것 같은 확신이 점점 더 들었습니다. 그런데 아무리 파고 파도 금이 나오질 않았습니다. 아무런 소득 없이 오랜 시간이 흐르자 동업하던 사람들은 점차 떠나기에 이르렀고 결국 자신을 비롯한 몇 사람만이 남았습니다.

그러던 어느 날 계속해서 땅을 파고 있는데 갑자기 갱도에서 소리가 들려왔습니다. 부리나케 갱도 안을 뛰어가 보니 파 놓은 땅속에 이상하게도 곡괭이 하나가 꽂혀 있었습니다. 그 자리는 예전에도 갱도였는데 무너져 내렸던 곳이었고, 그 곡괭이는 이전 사람들이 거기까지 와서 마지막으로 곡괭이를 찍고 나서 빠지지 않자 포기한 채 내버려둔 것이었습니다. 그 빠지지 않는 곡괭이를 발견한 후에 함께 온 두세 사람과 매달려 열심히 잡아당기기 시작했습니다. 기진맥진할 정도로 힘을 주어 결국 곡괭이가 빠져나오는데 그 끝에 금이 묻어 있는 것이었습니다.

금광 하는 사람들 이야기를 들으니까 그게 바로 노다지라고 부르는 것이라고 합니다. 금은 원래 암석에 섞여 그것을 빻아서 캐내는데 가끔 특수한 작용으로 금이 모여 있는 곳이 발견된다고 합니다. 그 곡괭이는 바로 금맥에 가서 꽂혔던 것입니다. 앞서 일하던 사람들은 그걸 꽂기만 하고 쉽게 빠지지 않자 포기하고 돌아갔던 것입니다.

이 이야기는 우리에게 한계를 넘는 일이 반드시 필요하다는 것을 보여줍니다. 사람들이 하나님 앞에 능력을 구할 때 쉽게 일을 하기 위한 목적으로 간구할 때가 있습니다. 하지만 하나님께서는 절대 그런 마음에 역사하시지 않습니다.

하나님께서는 한없는 능력을 구하는 자에게 베풀어 주시지만 아무런 노력도 기울이지 않는 자의 기도를 들으시는 분이 아니십니다. 응분의 수고와 고통을 치른 후 우리가 바뀌는 것만큼 사역을 변화시켜 주십니다. 그렇기 때문에 목회자와 목회자의 아내들은 자신의 한계를 뛰어넘어 기도하는 일이 필요한 것입니다.

사랑이 기도를 하게 함

다음으로 기도하는 삶과 헌신과 영혼을 사랑하는 삶은 어떤 관계가 있는지 살펴보려 합니다.

어떤 목회자가 참으로 주님을 경외하는 사람인지 아닌지는 그의 목회 사역이 큰 어려움에 부딪혔을 때 압니다. 다시 말해서 사역 가운데 어두운 그림자가 드리울 때 목회자의 반응을 보면 알 수 있습니다. 한계에 이르렀을 때 주님을 찾지 않는 사람은 벌어진 상황을 불평하거나 낙심하고 포기해 버리지만, 주님을 경외함으로 간

▎ 2013년 여름 수련회에서 찬양에 심취한 젊은이들의 모습. 우리에게 필요한 은혜의 경험은 현실에 대한 불만족에서 비롯된 타계적 신비에의 몰입이 아니라 성경 말씀을 통해 하나님의 성품을 아는 지식이 자라감에서 오는 거룩한 정동이다. "신령한 경험은 언제나 은혜로운 정동을 동반한다"(J. Edwards).

절히 찾는 사람은 자신의 사역의 한계를 아시며 도우시는 하나님 앞에 엎드려 기도합니다.

벌써 오래전 일입니다. 어떤 신학생을 부교역자로 임명한 일이 있었습니다. 몇몇 사람들이 반대했지만, 기도하며 교역자로 세우게 되었습니다. 지금 당장은 조금 부족하더라도 사역을 해 나가며 변화되어 갈 것이라는 기대가 있었기 때문입니다.

그 교역자는 어린이 부서에서 사역을 하며 연단을 많이 받고 후에 청소년 부서로 옮겨 갔습니다. 그런데 그 교역자가 청소년부를 맡으면서 아이들이 모이고 변화되기 시작했습니다. 어떻게 이런 일이 일어났을까 궁금해 하던 차에 우연히 본당을 지나가다가 눈물을 흘리며 기도하고 있는 교역자를 발견하였습니다. 아무리 애를 써도 아이들의 변화가 없자 저녁이 되면 본당에 엎드려 밤늦게까지 울며 기도했던 것입니다. 결국 하나님 앞에 엎드려 기도하며 매달리는 영적인 씨름이 놀라운 변화를 가져왔던 것입니다.

영혼을 위해 눈물을 흘리며 간절히 기도하기 위해서는 우선적으로 준비되어야 하는 것이 있습니다. 교회와 영혼을 위해 헌신하는 삶과 영혼들을 깊이 사랑하는 일입니다. 헌신의 삶과 깊은 사랑으로 준비된 사람들만이 영혼을 위한 간절한 기도를 드릴 수 있습니다. 이러한 일들은 따로 분리된 것이 아니라 영적인 법칙상 함께합니다. 자신의 목회 상황을 보며 영적으로 해석할 수 있는 시야를 가지고 그것을 위해 몸부림치며 기도할 때 영혼이 변하게 되며, 목회자는 그 영혼의 스승이자 아버지가 됩니다. 그렇게 될 때 비로소 목양의 관계가 성립하는 것입니다.

제가 서울 시내의 한 중형 교회에서 고등부 교역자로 있을 때의 이야기입니다. 당시 저는 박사 과정을 공부하며 학교에서 강의하고 집회를 다니며 설교도 하면서 정신없이 시간을 보내고 있었습니다. 월요일부터 토요일까지 바쁘게 보내다가 주일에 아이들을 보는데 자책감, 괴로움 등의 감정들이 밀려들어 왔습니다. 주님께서 2-3년이라는 기간 동안 맡겨 주신 영혼들이 회심도 하지 못했고 구원을 받지 못했다면 주님 앞에 갔을 때 어떤 말로도 변명할 수 없으리라는 생각이 들었습니다.

그래서 바로 그 주부터 토요일이면 교회당 옥상에 가건물로 지어진 고등부 예배실에서 철야기도를 하였습니다. 밤 9시쯤 도착해서 먼저 예배실을 깨끗이 청소했는데, 마지막으로 설교할 강단을 닦으며 늘 이렇게 기도했습니다. "내일 여기서 하나님의 말씀을 전할 때 회심의 역사가 일어나게 해주소서." 모든 청소를 마친 후에는 강대에 얇은 담요를 깔고 힘주실 때까지 간절히 기도하며 주일을 맞이했습니다.

약 두 해 동안 그렇게 목회하였습니다. 그때 그렇게 할 수 있었던 것은 당시 저에게 맡겨진 영혼들이 하나님을 만나 회심하고 변화되는 것이 저의 전부였기 때문이었습니다. 그렇게 되는 데 필요하다면, 학위나 교수직도 포기할 수 있다는 간절함이 있었습니다. 하지만 회심을 시키는 것이 제가 아니었기 때문에 하나님 앞에 애달프게 매달리는 일밖에는 할 수 없었던 것입니다.

철야를 시작하고 나서 1년 가까이 시간이 지난 어느 날이었습니다. 1999년 7월 11일 주일로 기억됩니다. 강대상에 올라가서 설교를 하는데 성령이 가득한 역사가 나타났습니다. 90분가량을 설교했는데 절반 정도의 아이들이 거의 억제할 수 없을 정도로 회개하

2014년 어린이 신년사경회. 연 4회 사경회가 열리는데 어린이 사경회도 함께 열린다. 부모들은 아이를 떼어놓고 말씀에 집중하고 아이들도 예배의 자리에 참여하여 은혜받게 하기 위함이다. 어린아이들이 최대한 이른 나이에 자신이 하나님 앞에서 예배자임을 자각할 수 있게 가르쳐야 한다.

기 시작했습니다. 어떤 아이는 소리를 지르고, 바닥에 내려와 데굴데굴 구르며 회개를 하였습니다. 그런 일이 있기 전에 비슷한 조짐들이 보였는데, 어느 날 갑자기 한꺼번에 와르르 무너져 내린 것입니다. 영혼들의 회심을 위해 제 안에서 한계를 뛰어넘어 극도로 고통스러웠던 그때 깊은 기도의 자리에서 하나님께서 은혜를 베풀어 주셨던 것입니다.

하나님께서는 영혼을 위해 생명을 걸고 기도하는 그 자리에 긍휼을 베푸십니다. 지역 전체, 국가 전체는 아니리 할지라도 국부적인 부흥을 부어 주십니다. 이것은 일상적으로 교회 일을 거든다고 해서 일어나는 일이 아닙니다. 일상적인 일은 어떤 사람이라도 할 수 있지만 생명을 건 기도는 영혼을 깊이 사랑하는 마음으로 헌신하는 삶을 살아가는 자만이 할 수 있는 것입니다.

중요한 것은 바로 이러한 관계를 깨닫고 깊은 헌신과 사랑을 통해 간절한 기도의 자리로 나아가는 것입니다. 그때에야 비로소 우리에게 맡겨 주신 사역을 잘 감당해 나갈 뿐만 아니라 반드시 승리할 수 있습니다. 하나님께서는 그 모든 과정을 통해 은혜를 베풀어 주실 것입니다.

Advice 2.

청년교구 사역 편

관계의 기쁨을 배움

청년교구 교역자들은 이제 교회학교를 벗어나 교구 사역에 들어서게 됩니다. 목회자들에게는 사역에 대한 권한과 책임이 더 커지고, 목회자의 아내들의 역할은 점점 더 중요해져 갑니다. 그렇기 때문에 청년교구에 속한 교역자 부부는 교구 사역에 걸맞는 사역의 전문성을 위해 여러 가지 노력을 기울여야 합니다. 그러기 위해서 자신이 보고 배울 수 있는 사람을 만나고 환경을 조성하고 나아가 이를 위해 열렬히 기도하는 일이 필요합니다.

목회자는 사모와의 관계에서 동역함을 배워야 하고, 사모는 목회자와 함께 성장해 나가는 일에 힘을 써야 합니다. 이와 함께 동역자들과 경쟁 속에서 시기하고 배척하는 것이 아니라 더불어 함께 사역함을 배워 가야 합니다. 여기에서는 이러한 일들에 필요한 부분을 함께 나누려 합니다. 첫 번째는 총체적인 교구 사역의 성격에 대해서, 두 번째는 부부가 함께하는 사역에 대해서, 세 번째는 기도에 대해서, 네 번째는 탁월한 말씀에 대해서, 다섯 번째는 동역자를 사랑하는 일에 대해 나누겠습니다.

총체적인 교구 사역

교구 사역은 전체적이고 종합적인 역량을 요구합니다.
영적인 리더십, 지도력, 대인 관계, 신학적 역량, 조직력 등
어느 것 하나 소홀함이 없이
모든 부분에서 성장할 수 있도록 애써야 합니다.

청·장년교구 사역은 총체적인 섬김이 필요합니다. 교회학교의 한 부서에 대한 사역은 부분적인 측면들이 많이 있고, 특수 사역은 그것과 관련된 일만 잘하면 되지만 교구 사역은 그렇지 않습니다. 왜냐하면 교구 사역은 하나의 작은 교회와 같기 때문입니다.

교역자 부부가 나가서 전도하고, 전도한 사람들을 데리고 와서 양육하고, 양육을 받다가 미끄러지면 기도해 주고, 그렇게 해서 잘 자라면 마치 교회가 세례를 주고 직분을 맡기듯 구역장이나 교구 일꾼으로 세워 영혼을 섬기는 일을 감당하게 합니다. 그중 일부는 선교사를 파송하는 것처럼 청소년 부서나 어린이 부서 등의 교회학교에도 파송을 합니다. 그야말로 한 교회의 축소판인 것입니다.

이것은 한 부서가 아니라 교구입니다. 교회의 축소판과 같은 교구에서는 한두 가지를 잘 한다고 해서 사역이 잘 되는 것이 아닙니다. 교역자는 직접 이 교구에 대해 작전권, 지휘권, 통솔권을 가지고 한 교회처럼 이끌어 나아가야 하는데, 그 사역은 전체적이고 총체적이고 종합적인 역량을 요구합니다. 이런 점에서 교구 사역은 총체적인 사역이라 말할 수 있습니다.

신령한 리더십

우선 가장 중요한 것은 영적인 리더십입니다. 영적인 리더십을 위해 교역자 부부는 깊이 기도하는 사람이어야 합니다. 수목이 울창한 산일수록 어김없이 골이 깊숙한 골짜기가 있습니다. 그리고 그 골짜기를 타고 흐르는 물이 그 산의 수목을 살게 합니다. 이처럼 교역자 부부는 심오한 기도의 골에 담긴 은혜의 물로 교구라고 하는 들판을 두루 적시고도 남을 만큼 영적인 깊음을 가진 담지자가 되어야 합니다.

뛰어난 지도력

두 번째는 영적인 리더십을 바탕으로 한 지도력이 있어야 합니다. 이것은 영적인 자질만큼이나 중요합니다. 영적인 능력이 조금 부족하더라도 지도력이 뛰어나면 그 조직은 무너지지 않습니다. 그러나 영적인 능력을 가져도 지도력이 전혀 없으면 교회는 무너져 버립니다. 변화받은 영혼들이 있지만 잠시 후에 그 영혼들은 그 공동체 안에서 살아가는 것이 너무 고통스러워 뛰쳐나가 버리는 일이 발생하게 되고 맙니다. 그러므로 지도력은 교역자에게 절대적으로 필요한 요건입니다.

이렇듯 지도력이 중요하기 때문에, 교역자는 지도력을 함양하기 위해 꾸준히 힘써야 합니다. 그러기 위해서는 우선 관련 서적이나 글들을 통해 뛰어난 지도력을 가지고 있었던 하나님의 사람들과 대면하고, 흠이 없을 수는 없겠지만 담임목회자가 어떻게 교회를 이끌어 가는지 보면서 모든 것을 그냥 가볍게 넘기지 말고 하나하나 주의 깊게 관찰해야 합니다. 그리고 '저러한 상황에서 나라면 어떻게 처신했을까?', '이런 상황에서 나라면 어떻게 문제를 다루었을까?', 끊임없이 자신의 생각을 상황에 대입시키면서 지도력에 대해 많이 고민하는 사람이 되어야 합니다.

사랑으로 관계 맺음

세 번째는 사람들과의 관계입니다. 여기서는 각자의 성품이 많이 나타납니다. 혼자 지낼 때에는 자신의 단점이 잘 드러나지 않습니다. 그러나 다른 사람과 부딪히고 살면, 다른 사람의 단점도 보게 되고 자신의 단점이 무엇인지도 깨닫게 됩니다. 이러한 상황에서 요구되는 것이 사람에 대한 사교성, 친화력입니다. 영적인 능력이 뛰어나더라도 대인 관계에서 친화력이 부족하면 자기 좋아하는 사람만 주위에 모이게 되고, 결국 내부에 뚜렷하게 편이 갈리는 균열이 일어나 조직의 안정성이 깨지게 됩니다.

신학적 역량을 기름

네 번째는 신학적인 역량입니다. 교구 교역자는 수많은 교회의 상황, 그 교회 안에 있는 자기 교구의 상황, 나아가서는 사랑하는 지체들의 삶의 상황들과 마주칠 때 신학적인 역량을 가지고 해석하고 풀어내 어떤 방향으로 교구가 가야 되고, 어떻게 지체들의 삶을 지도해야 하는가에 대한 안목들을 가져야 합니다. 그런 것들을 일관성 있고 확고부동하게 갖기 위해서 목회자는 부교역자로 섬기는 이 시기에 성경과 신학 서적을 읽는 것은 물론 실천과 반성, 깊은 사유 활동을 통해서 습득한 신학의 양적 지식들을 질적으로 내면화하고 자기화하여야 합니다.

다양한 사람들을 아우름

다섯 번째는 조직력입니다. 교구 사역에 들어가 보면 알게 되지만, 그 안에는 크고 작은 수많은 일들이 있습니다. 이 일들은 혼자

▌ 2013년 청년부 여름수련회 때의 청년교구 사역자와 진행 스텝들의 모습. 목회에 있어서 가장 본질적인 사역은 말씀과 기도 사역이지만, 목회는 현실적으로 본질과 비본질적인 것들이 서로 조화를 이루며 효과를 산출한다. 비본질적인 것이나 중요한 요소 하나가 '팀을 만들 줄 아는 지도력'이다.

몸이 부서지게 수고해도 감당할 수 없을 정도의 많은 일입니다. 혼자서 할 수 있는 성질의 것이 아닙니다. 그래서 교회 안에 있는 많은 사람들의 헌신적인 섬김을 필요로 합니다. 교역자는 섬김이 요구되는 자리에 필요한 사람들을 적절히 배치해야 하며 또한 그들을 하나로 아우를 수 있는 조직력을 가지고 있어야 됩니다.

모든 방면에서 성숙함

앞에서 언급한 이 다섯 가지 모두 목회자로서 갖추어야 할 중요한 자질임에는 틀림없지만, 그 어느 것도 하나만으로 충분하지는 않습니다. 다시 말해서 목회자는 이미 자신이 잘하고 있는 어느 한 방면에서만이 아니라 마땅히 잘해야 할 모든 방면에서 사역적으로, 인격적으로 성숙해 가야 합니다.

물론 자신이 다른 사람보다 잘하는 것을 더욱 특화시키고 전문화시켜야 합니다. 자신이 잘하는 부분에 집중적으로 투자하고 연구해서 자기만이 가진 장점을 극대화해 사역에 특별한 승부를 걸어야 합니다.

예를 들어 내가 다른 사람보다 설교에 달란트를 받았다면, 다른 사람보다 낫다는 생각에 그치지 말고 더욱 전념하여 칼같이 예리하고 불같이 뜨거운 말씀의 사람으로 성장할 수 있도록 해야 합니다. 또는 내가 특별히 기도를 많이 한다면, 더 깊은 기도의 사람이 되어 다른 모든 사역자들이 따라올 수 없을 정도로 뛰어난 그런 기도의 헌신 속에서 살면 되는 것입니다.

절대로 다른 사람과 비교해서 부요한 마음으로 안주해서는 안 됩니다. 다른 사람들이 모두 배우고 싶어하는 자기만의 장점을 그 무엇이든 꼭 하나 이상 가지고 있어서 거기에 특별한 승부를 걸고자 마음먹어야 합니다. 그렇다고 해서 현재 자신에게 부족한 것, 그래서 부담스럽게만 느껴지는 부분들에 대해 덮어 두고 지나쳐서는 안 됩니다.

총체적이고 종합적인 역량을 필요로 하는 교구 사역에서는 어느 것 하나 소홀히 할 수 있는 것이 없습니다. 청년교구의 교역자들은 교구 사역에 임할 때, 목회자가 되기 전에 받는 마지막 훈련이라는 마음으로 임하되 이 모든 부분에서 성장할 수 있도록 애써야 합니다.

사역을 통한 부부의 연합

사역 안에서 함께 울고 웃는 마음 없이 누리는
목회자 부부의 연합된 감정은 거짓에 불과합니다.
목회는 목회자 혼자 걸어가는 길이 아니라
목회자 부부가 함께 걸어가는 길입니다.

교구 사역은 부부가 함께하는 사역입니다. 그런데 여러 교회를 둘러보면, 목회자의 아내들이 은혜에서 소외된 채 살아가는 것을 볼 수 있습니다. 교회 안에서 목회자의 아내 자리를 찾기란 쉬운 것이 아닙니다. 교인들 틈에 들어가기도, 교역자들 틈에 들어가기도 어색합니다. 다른 사람과의 교제가 없어 소외되고 섬김의 장도 없어서 남편만 바라보고 있지만 사역으로 바쁜 남편은 아내에게 만족을 줄 수 있는 존재가 아닙니다. 그렇기 때문에 목회자의 아내들의 마음에는 남편에 대한 불평과 원망만 늘어가고 결국 마음은 강퍅하게 됩니다. 고사되기 직전의 영혼의 상태에 강퍅한 마음까지 더해져 더 이상 견디기 힘든 지경에 이르게 되는 것입니다.

사모들의 공동체 생활

저는 오랫동안 사역을 하며 목회자의 아내들에게 필요한 세 가지를 보게 되었습니다. 첫째는 따뜻한 교제이고, 둘째는 영적인 성장을 위한 환경과 그 안에서의 체계적인 지식과 앎, 셋째는 훈련의 필요였습니다. 이러한 것들을 채워 주고자 하는 목적 아래 목회자의 아내들에게 도움을 주기 위해 우리 교회에서는 사모구역을 만들었습니다. 이 모임을 모든 사람이 좋아하리라고 여기지는 않지만, 이러한 목적에 어느 정도 부합하는 제도가 아닌가라는 생각을 합니다. 그래서 어떤 목회자의 아내가 들어와도 이 속에서 자원하고 기뻐함으로 섬기는 가운데 강한 사람으로 훈련되어 갈 것이라 기대합니다. 물론 사모구역이 유익을 끼치기 위해서는 무엇보다 그 모임에 참여하는 사모 스스로가 모임 자체를 즐거워하며 서로 교제하고 서로 사랑해야 합니다.

교회 안에 여러 교역자들이 있다 보니, 경우에 따라 어떤 교역자가 교회에서 조금 더 많은 사역을 감당하는 일이 일어납니다. 이러한 경우 교회에서 더 많이 쓰임받는 목회자나 목회자의 아내들은 더 겸손하게 그렇지 못한 사람들을 오히려 섬기고, 물러서서 자리를 비켜 줄 수 있는 아량과 포용력을 가져야 됩니다. 옹졸하고 용렬한 리더십으로 주위에는 자기를 따르는 사람들만 모이고, 그 밖에 있는 사람들은 자신을 향해 칼을 갈게 하는 목회가 아니라, 넉넉한 그늘을 드리운 나무가 되어 그 나무에 구멍을 뚫고, 쪼아 먹던 새도 비를 피하고자 날아오면 품어 주는 그런 사람이 되어야 합니다.

목회자의 아내들도 그런 마인드를 가져야 합니다. 사모구역에 누가 먼저 들어오고 나중 들어왔든, 나이가 많든 적든, 교구 사역을 맡았든 맡지 않았든, 담임목회자의 인정을 누가 많이 받든지 모든 것을 떠나서 더 많이 사랑하고, 하나님 앞에 중심이 서서 섬기는 서로를 깊이 품고, 진심으로 사랑해 줄 수 있는 인격을 갖추어야 합니다. 그리하여 우리 목회자와 목회자의 아내들이 모인 공동체 안에서 먼저 우리의 사역을 통해서 이루어 가고 싶은 공동체의 모습늘이 구현되게 해야 되는 것입니다. 그 일에서 목회자의 아내와 목회자들이 협력해야 하는 것입니다.

그러나 사모 모임에서 주의할 점이 하나 있습니다. 모임에 참여하다 보면 다른 목회자나 목회자의 아내에 대한 이야기를 듣거나 단점을 보게 되는 경우가 발생합니다. 그러한 때 목회자 부부는 다른 교역자나 그 사모의 결점이나 결함을 쉽게 이야기하는 사람이 되어서는 안 됩니다. 만약 교회를 위해서 꼭 필요한 말이라면 서로 말하지 않아도 하나님께서 다 알게 해주실 것입니다.

경건한 인격을 지님

목회자 부부는 지도자로서의 인격의 폭이 넓어야 합니다. 옹졸한 마음을 가진 목회자의 그늘 아래에서는 지친 영혼들이 찾아와

쉬어가기는커녕 가시에 찔려 달아나 버릴 것입니다. 그런 용렬한 리더십을 가지면 안 됩니다. 다른 사람을 용납하고 세워 주는 일에 있어서 부부가 한마음이 되어야 합니다. 또한 부부 사이에서도 서로 칭찬을 해야 합니다. 서로를 향해 애정을 가지고 하나하나 살펴보면 정말 배울 게 많습니다. 항상 열린 마음을 가지고 상대가 인격적으로 더 성숙해질 수 있도록 도와야 합니다.

그렇게 부부가 함께 사람으로서의 가치와 품격을 함양해 갈 때 비로소 그 목회자 부부는 자신들을 정치적으로 대하고 대적하는 사람들에게서도 배울 수 있는 그런 깊이를 가진 사람이 될 수 있습니다. 이러한 부분에서 부부가 한마음이 되어야 합니다.

목회자 부부의 선한 인격은 신령함과 함께 양떼들에게 하나님의 성품을 알게 하는 통로입니다. 하나님께서 목회자를 세우신 것은 말과 글로 배우는 성경 말씀이 우리 안에서 육화(肉化)될 때 그 모습이 얼마나 아름다운지 보여주기 위함이기 때문입니다.

깊이 있는 사역을 배움

사역적인 면에서 목회자의 아내는 교구 일에 깊이 개입해야 됩니다. 목회자는 자신의 아내를 절대 자기 사역에서 소외시키지 말아야 합니다. 아내 없이 목회자 혼자 사역을 하는 것은 바람직하지 않습니다.

물론 목회자의 아내가 사역에 함께하려면 말씀에 있어서 아주 선명하게 정리가 되어야만 합니다. 아내가 정리가 안 되어 있으면, 그 남편이 아무리 뛰어나더라도 교구 사역을 맡길 수 없습니다. 저 또한 교구 사역자를 세울 때 목회자뿐 아니라 반드시 그 목회자의 아내를 함께 봅니다. 그러기에 목회자의 아내는 남편의 사역에 함께하기에 앞서 먼저 자신이 얼마나 말씀에 정리되어 있는지를 점검해 보아야 합니다.

사역에 동참하는 가운데에서도 잊지 말아야 할 점이 있습니다. 목회자의 아내는 리더가 아니라는 것입니다. 리더는 목회자인 남편입니다. 모든 모임에 목회자의 아내가 참여할 수 있지만 어떤 발언도 하지 말아야 합니다. 특히 회의석상에서 논쟁이 일어날 때 남편의 편을 들지 말고 그냥 가만히 지켜만 보아야 합니다. 남편이 바르지 않을 때나 지혜롭지 못할 때에는 오히려 지체들의 편을 들어서 남편의 생각을 유연하게 바꾸도록 도울 수 있습니다. 가능한 말을 아끼며 지켜보고, 필요한 것들은 적어 두었다가 곱씹어 생각해 보고 집에 가서 차근차근 이야기하는 것이 바람직합니다.

그리고 목회자인 남편이 교구에서 결정해야 될 일이 일어났을 때 집안에서 미리 상의해 주기를 기대하지 말아야 합니다. 저는 교회의 중요한 일일 경우에는 더욱 아내에게 알리지 않습니다. 이런 점에 아내가 소외감을 느끼는 것은 잘못된 태도입니다. 돕는 아내가 옆에 있다는 것 때문에, 목회자인 남편이 자신의 지도력에 제한을 느끼고 힘이 들어서는 안 됩니다. 자유롭게 지도자로서 결단하고 결정할 수 있도록 배려해 주어야 합니다.

목회자가 하나님과의 관계에서 자기가 고뇌하면서 자신의 지도력을 행사하도록 내버려두어야지 아내와 협의해 결정해서는 안 되는 것입니다. 만일 지체들이 그 사실을 알고 나면 절대 그 리더십에 복종하지 않을 것이기 때문입니다. 더욱이 아내가 이루어질 일들에 대해서 미리 이야기하고 다니거나 지체들과의 만남을 통해 알게 된 비밀을 공공연히 누설하고 다님으로써, 남편이 집에 와서 교구에서 일어난 모든 일을 아내에게 이야기하는 것과 같은 인상을 갖게 해서는 안 됩니다.

그럼에도 불구하고 『목회자의 아내가 살아야 교회가 산다』에서 언급했듯이, 보이는 교회에서는 남편이 지도자이지만 보이지 않는 교회에서는 목회자의 아내 또한 함께 지도자입니다. 그래서 깊이 남편의 사역에 애착을 가지고 그 남편의 사역의 문제와 고민 그리고 나아가야 할 방향에 대해서 아내 또한 남편과 같은 수준의 이해를 가지고 있어야 합니다. 그렇게 남편과 사역을 함께해 나가는 것입니다. 그리고 목회자는 판단이 서지 않을 때 수시로 아내의 의견을 물어보는 것을 부끄러워하지 말아야 합니다.

그래서 목회자의 아내는 가능한 한 모든 모임에 참석하면 좋습니다. 혹 아이들이 어리고 환경적인 제약이 있다면, 최소한 리더들 모임이나 기도 모임은 참석해서 함께 간절히 기도하길 바랍니다. 모임의 영적인 분위기가 그 교구의 현재 상황을 말해 주기 때문입니다. 그리고 거기서 남편이 어떻게 어떤 마음을 가지고 교구를 이끌어 가는지 알 수 있습니다. 사역의 현장에서 말없이 조용히 참석하여 교양과 품위를 지키고, 친절함과 늘 웃는 얼굴로 지체들을 대하고, 차 접대나 신발 정리 등의 낮은 자리에서 섬기며, 보일 듯 보이지 않을 듯이, 그러나 엄연히 존재하는 그러한 목회자의 아내로서 살아가기를 바랍니다.

평범치 않은 사람들을 잘 돌봄

세 번째는 지체들과의 관계에 관한 부분입니다. 청년교구를 담당하는 교역자는 교구의 자매들과 관련된 문제에서 어려움이 참으로 많습니다. 늦은 시간 전화가 오거나 만나자고 하는 등 냉정하게 거절해 버릴 수 없는 경우들이 비일비재합니다. 이런 때에 목회자의 아내의 도움이 절실히 요구됩니다. 목회자의 아내는 자매 리더들을 비롯한 교구의 모든 자매들을 목회한다고 생각하고 그들의 영혼의 상태와 삶을 세심하고 깊이 헤아리며 접근해야 합니다. 필

▌ 교구 모임에서 손을 잡고 기도하고 있는 두 사람. 목회자의 아내는 교회에 의해 공인된 직분자는 아니지만 남편과 함께 영혼을 섬기도록 부름받은 작은 목자다. 소외되었거나 낙심한 지체들의 손을 눈에 띄지 않게, 사랑으로 꼭 잡아 주는 것은 목회자의 아내가 맡아야 할 섬김이다.

요하면 집으로 초청하거나 따로 만나서 상담도 해주며 남편에 의해 충분히 다루어질 수 없는 부분을 들어주고 품어 주며, 바른 길을 가르쳐 줄 수 있는 어머니와 같은 사람이 되어야 합니다. 때로 청년들 중 자신보다 나이가 많은 자매들이 부담스럽게 느껴지는 경우도 있을 것입니다. 그러나 확고한 말씀으로 정립된 사람들은 누군가와 대화를 나눌 때 그가 얼마나 진리의 빛을 발하느냐에 따라 마음이 좌우되지, 상대방의 나이나 외적인 조건에 의해 마음이 움직이지 않습니다.

아이들이 어리거나 크고 작은 가정사들로 인해 영혼들을 돌보기 어려운 환경일 수 있습니다. 그렇다고 가만히 있을 수만은 없습니다. 서신이나 이메일, SNS, 작은 선물 등 주어진 상황에서 영혼들을 돌볼 수 있는 방법을 찾아야 합니다. 순장들이 편지를 보내는 것과 목회자의 아내가 보내는 것은 다릅니다. 목회자의 아내는 목회자 '대리'의 신분을 갖기 때문입니다. 이러한 여러 가지 방법을 통해 자매들에게 더 가까이 다가가야 합니다.

남편은 말씀으로 칼날같이 가르쳐도, 목회자의 아내는 모든 것을 이해하고 용납한다는 마음으로 사람들을 끌어안으며 지체들 안으로 깊숙이 들어가야 합니다. 그러기 위해서는 영혼들의 형편을 세심하게 보살펴야 하는 것입니다. 모임에서 새로운 사람이 소개되거나 등록하면 잘 눈여겨보고 메모해 두거나 사진첩을 보고 얼굴까지 기억할 수 있으면 훨씬 더 좋습니다. 그리하여 길거리에서 스치듯 만나더라도 '아, 우리 교구 자매구나!' 하고 알아볼 정도가 되어야 합니다.

그리고 최소한 리더들의 삶의 형편은 파악해야 합니다. 애정을 가지고 그들을 위해서 기도한다면 어쩌면 이것은 당연한 것입니다. 친친애애(親親愛愛)라는 말이 있습니다. 친할수록 사랑하게 된다는 뜻입니다. 가까이 다가가서 그 영혼의 상태를 살펴보며 한 번만 같이 손잡고 눈물을 흘려 주면, 그 사람은 영원히 잊혀지지 않고 그 영혼에 대한 관심은 떠나지 않습니다. '요즘은 어떻게 살까? 그 때 그렇게 아파했는데······.' 이것이 목회입니다.

나아가 남편과의 긴밀한 협의 속에서 지체들을 돌아보아야 합니다. "여보, 내일은 ○○○ 자매에게 연락해 보려고 해요. 요즘 특별한 변화가 있나요?" 이렇게 서로 의논해 심방하고, 심방하고 나서 그 지체에 대해 새롭게 알게 된 사실은 남편에게 정리하여 전달해 주는 것입니다. 이렇듯 아내의 적극적인 사역이 필요합니다. 가능하다면 목회자의 아내가 한 구역을 맡아서 돌보기를 권합니다. 그러나 구역이 너무 부담스럽다면 새가족들 공부에 함께 참석하여 남편이 어떻게 가르치는지를 보기도 하고, 새로 들어온 신자들의 동향을 파악하는 것도 매우 좋은 방법입니다. 새로 온 자매들을 중심으로 관계를 형성해서 후에 어려움이 있을 때 편안하게 사모에게 상담도 하고 편지나 문자도 주고받는 그런 관계가 되도록 하는 것입니다.

이렇듯 지체들 안에 깊숙이 들어가 무엇을 위해 집중적으로 기도하며 하나님 앞에 매달려야 하는지 파악해서 목회자 부부가 함께 한마음이 되어 섬겨야 합니다. 그래서 집에서도 기도 제목들을 이야기하고, 밤에 잘 때 함께 기도하기도 하며, 목회의 아픔이나 어려움을 다른 사람이 아닌 아내와 더불어 나눌 수 있어야 합니다. 평소 사역을 통해 남편의 아픔과 고충을 함께하며 한마음이 되어 기도하고, 교구가 성장하면 같이 기뻐하고, 어려움이 닥치면 괴로워도 기도하면서 목회자 부부가 연합되어야 합니다.

사역 안에서 함께 울고 웃는 마음 없이 목회자 부부가 연합된 감정을 갖는다면 그것은 거짓입니다. 목회자는 이렇게 아내와 함께 가는 것이 늦어 보여도 그것이 하나님 앞에 결국은 빨리 가는 길임을 기억해야 합니다. 그런 마음가짐을 가지고 목회자 부부가 함께 이 길을 걸어가야 합니다.

환경을 뛰어넘는 기도 생활

기도하는 일은 주님을 갈망하는 자의 두드러진 특징입니다.
기도하지 않는 아내는 하늘을 향해 날아오르는 남편의 날개에 매달리는 사람과 같습니다.
목회자 부부는 서로가 서로에게 날아오르고자 하는 사람을 더 띄워 줄 수 있는
부력을 공급해 주는 사람이 되어야 합니다.

그 다음으로 살펴볼 것은 기도 생활입니다. 사람마다 능력의 차이, 개인 차이, 특성들이 있기 때문에 사역의 크고 작음이 일어날 수 있습니다. 그런데 하나님을 추구하는 삶이 사역보다 더 소중한 것입니다. 제사장과 그가 드리는 제물은 하나입니다. 하지만 하나님께서는 사실 제물보다 누가 제사를 드리는가에 더 많은 관심을 갖고 계십니다. 선물을 주는 사람이 좋지 않은데 비싼 선물을 가지고 왔다고 해도 받는 사람은 굉장히 괴로운 것입니다.

시편에 보면 "나는 주를 경외하는 모든 자들과 주의 법도들을 지키는 자들의 친구"(시 119:63)라고 말씀하셨습니다. 그런 점에서 개인적으로 하나님을 열심히 찾아가려고 하는 사람은 능력이 조금 모자라고, 모든 부분에서 좀 덜 갖추어졌어도, 살아 계신 하나님을 향한 갈망을 가졌다면 너무 사랑스럽습니다. 그러나 하나님을 향한 어떤 갈망이 없이 사역하는 사람들을 보면 분노와 염려가 생깁니다. '하나님을 향한 갈망도 없고, 사모함도 없는데 앞으로 어떻게 사역을 할까?' 라는 걱정과 두려움이 밀려옵니다.

목회자의 기도 생활

저는 기본적으로 목회자라면 하루에 세 시간은 기도해야 된다고 생각합니다. 새벽에 나와서 열정적으로 기도한 뒤 사역에 임해야 합니다. 그러기 위해서 저녁에는 잠을 충분히 자야 합니다. 교구 사역에 들어오면 사역이 많아지고 바쁜 생활의 연속이기 때문에 자칫 잠을 충분히 자지 못한 채 새벽기도에 나오는 때가 있습니다. 그렇게 될 경우 피곤을 이기지 못해 기도 시간은 졸음과의 싸움이 되고 맙니다. 그래서 목회자들은 사역을 집중적이고 효율적으로 하여 숙면을 취할 환경을 만들어야 합니다.

목회자의 아내의 기도 생활

목회자의 아내의 경우도 마찬가지입니다. 교회학교에서도 이야기했듯이 목회자의 아내가 누구에게도 대신 맡길 수 없는 일이 두 가지가 있는데, 첫째는 기도하는 일이고, 또 하나는 그 목회자의 아내가 되는 일입니다. 이 두 가지는 누구도 대신 해줄 수 없으며 맡겨서도 안 되는 일입니다. 특별히 전자의 기도하는 일이 주님을 갈망하는 자에게서 나타나는 두드러진 특징입니다.

한국 교회에 나름대로 쓰임받는 분들 가운데 동의되지 않는 목사님들은 계셨지만, 사모님들이 동의가 안 되는 분들은 별로 없습니다. 그분들의 공통점이 바로 기도의 사람이라는 것입니다. 목회자의 아내는 기도의 사람이 되어야 합니다. 그것은 목회자의 아내가 평생을 두고 하나님 앞에 매달려야 할 제목입니다. 하나님 앞에 간절히 기도하는 그 기도의 세계를 유지하면서 살아야 합니다.

그런데 문제는 환경적으로 너무 어렵다는 것입니다. 육아와 크고 작은 가정사들, 육체의 연약함 등 기도를 가로막는 수많은 장애물들이 있습니다. 그렇지만 모든 이유를 뒤로하고 기도하지 않는 것이 사실입니다. 그리고 그 사실은 냉혹하리만치 그대로 자신의 사역에 반영됩니다. 그렇다면 어떻게 하겠습니까? 이를 위해 다음의 세 가지 지혜를 나누고자 합니다.

첫 번째로, 자신의 생활을 철저히 분석해서 최대한 단순하게 만드는 것입니다. 여러 명이 반찬을 한 가지씩 만들어 함께 나눈다든지, 요일을 정하여 집안 살림을 계획한다든지, 비용이 조금 더 들더라도 시간을 줄이는 방법을 선택하는 지혜가 필요합니다.

두 번째로, 남편의 도움을 받으라는 것입니다. 남편들은 바쁘고 힘들긴 하지만 잠자는 시간을 줄여서라도 아내가 최소한 하루에 한 시간 이상 기도 시간을 확보할 수 있도록 도와주어야 합니다. 골방이라도 가서 기도하도록 아이를 데리고 놀아 주거나 집안일을 거들어 주어야 합니다. 왜냐하면 기본적으로 기도 생활은 홀로 있지 않으면 할 수가 없기 때문입니다.

세 번째로, 그 어려운 여건을 다 짊어지고 기도하는 법을 배우라는 것입니다. 기저귀 갈면서도 기도하는 방법, 새벽 시간에 아이를 업고 나와 눈을 뜨고 교회를 서성거리면서 기도하는 방법, 길을 걸어가면서도 기도하는 방법 등 그처럼 사소한 것이 모두 쌓여서 충성이 되는 것입니다. 환경으로 인해 주저앉은 목회자의 아내들이 상당히 많습니다. 영혼을 돌보아야 할 자기 자신이 거의 죽은 자처럼 생명을 느낄 수 없는 자가 되어서는 안 됩니다. 그러므로 기본적으로 하나님 앞에 헌신하지 않고는 불가능한 것입니다.

항상 삶의 상황을 그대로 짊어지면서도 집중하는 법을 터득해야 합니다. 그러면 신기하게 하나님께서 능력을 주십니다. 기쁨을 주시고 감당할 수 있는 놀라운 은혜를 베풀어 주십니다. 지체들을 위해 중보기도하지 않는 사람은 오늘 한 영혼이 회심했다고 해도 그것을 기쁘게 여기지 않지만, 그 영혼을 위해 눈물로 간절히 기도해 왔던 사람은 그 순간 이길 수 없는 기쁨이 자신의 마음에 가득 차오르는 것을 경험합니다. "아, 진짜 하나님께서 이 비천한 여종의 기도를 들어주시는구나!" 하는 고백이 흘러나올 수 있습니다.

기도하지 않는 아내는 하늘을 향해 날아오르는 남편의 날개에 매달리는 사람과 같습니다. 남편 사역에 짐이 되면 안 되고, 날아오르고자 하는 사람을 더 띄워 줄 수 있는 부력을 공급해 주는 사람이 되어야 합니다. 그러므로 기도해야 합니다. 정말 실천하기가 쉽지 않습니다. 그래서 이 길은 특별히 하나님의 사랑을 받은 사람들이 그 사랑 때문에 어찌할 수 없어 가는 길입니다.

기도 생활을 부부가 함께 상의해서 구체적으로 시간과 장소를 정해 놓고, 남편의 도움을 받을 수 있다면 받고, 그것이 힘들다면 모든 상황 안에서 기도할 수 있는 법을 깨달아 가야 합니다. 할 수 없다 생각하면 아무런 길이 보이지 않지만, 할 수 있다고 생각하면 하나님께서 길을 보여주시고 은혜를 주십니다.

지식에 사랑을 더함

―

영혼의 많은 문제들을 슬기롭게 다루고 영혼들을 돌보려면
말씀에 대한 탁월한 지식과 지혜가 필요합니다.
목회자가 된다는 것은 본격적으로 신학 공부를
스스로 독학하기 시작한다는 말입니다.

―

네 번째는 말씀에 대한 탁월한 지식과 지혜입니다. 목회는 진리에 대한 깨달음을 얻고 방황하는 신앙에 뭔가 종지부를 찍고 싶어 하는 사람들을 돌보는 일입니다. 그래서 말씀에 대한 지식이 필요합니다. 영혼의 많은 문제들을 슬기롭게 다루고, 영혼들을 돌보려면 말씀에 대한 탁월한 지식과 지혜가 필요합니다. 그렇기 때문에 자기 자신이 말씀을 아는 지식에서 끊임없이 성장하도록 분투하고 노력해야 됩니다.

일반적으로 청년교구를 전임으로 감당하는 부교역자들은 신학교 과정을 모두 마치고 목사가 되었거나 되려는 시기에 있습니다. 물론 파트타임 교역자에 비해 사역에 더 많이 헌신해야 하는 처지이기 때문에 말씀을 연구할 시간을 갖기가 쉽지 않습니다. 그러나 이런 식으로 생각하면 우리는 일평생 말씀을 연구할 시간을 마련하지 못할 것입니다. 목회자의 일생에 한가한 기간이 언제 있겠습니까? 치열하게 목회 사역을 감당하면서도 온 마음을 다해 자기를 말씀과 학문으로 연단하기를 힘써야 합니다.

목회자가 된다는 것은 본격적으로 신학 공부를 스스로 독학하기 시작한다는 말입니다. 일평생 계속해야 할 신학 공부이지만, 이 시기에 특별히 집중해야 하기 때문에 목회적 적실성 있는 공부는 다음과 같습니다.

청년들의 선교적 안목을 넓혀 주기 위해서는 교회와 현대 사회의 관계에 대해 독서와 연구로 사고 지평을 넓혀 두면 평생 동안 목회와 설교에 요긴할 것입니다. 또한 영적인 거장들의 전기와 설교를 읽음으로써 그들의 신학이 경건의 실천과 어떻게 조화를 이루는지를 개혁신학의 관점에서 이해할 수 있다면, 세미나 독서 토론 등을 통해서 청년들에게 실제적인 도전을 줄 수 있습니다.

특히 저는 이 시기에 세계 교회사와 한국 교회사 공부하기를 적극 추천합니다. 특히 한국 교회사를 공부할 때는 개화기 이후의 한국 근대사에 대한 균형 잡힌 시각을 갖기까지 여러 견해의 책을 읽으며 비판적 관점을 배우기를 바랍니다.

부교역자로서 이때부터는 깊이 있는 신학과 함

▌ 광림수도원 에베소 광장에서 열린 『조나단 에드워즈와 나의 목회』 산상 세미나 광경. 나는 1년에 한 번 온 교인들과 함께 떠나는 산상 세미나를 참 좋아한다. 이때는 설교에서 다룰 수 없던 신학과 철학, 그 외 다른 학문들을 넘나들면서 성경 진리를 보여줄 수 있을 뿐 아니라 교인들에게 영적인 은혜와 함께 지성적 도전도 줄 수 있기 때문이다.

께 목회의 기술을 본격적으로 익혀야 할 시기입니다. 그러므로 다양한 목회적 실천에 관한 책들도 비판적으로 읽으며, 거기서 배운 내용들을 목회 사역에 적용해 보면서 사역을 위해 이론의 토대를 굳건히 놓아야 합니다.

목회자의 아내 역시 말씀에 대한 지식에서 자라나야 합니다. 특히 새가족반에서 가르치는 내용들을 훤히 꿰뚫고 있어서 필요하면 구역장을 대신해서 가르칠 정도가 되어야 합니다. 끊임없이 설교 말씀을 들어서 성경 전체에서 가르치는 사상의 토대들을 쌓아야 합니다. 빨래를 개키면서도 듣고 아이를 재우면서도 들으면서 말씀을 익혀 나가야 합니다. 그 속에서 영혼들을 상담할 수 있는 성경적인 이해와 통찰들이 생겨나는 것입니다.

말씀을 아는 지식을 쌓을 뿐 아니라 그 외에도 경건 서적을 반드시 읽어야 합니다. 신학교를 나오지 않았다 할지라도 지속적인 신학적 독서를 통해 목회와 선교를 하나님 나라의 관점에서 볼 수 있는 안목을 넓혀 가야 합니다. 시험에 든 자, 곤고한 자, 죄 지은 자를 돌보면서 영혼들을 다루어 가는 신앙생활이 꼭 필요합니다. 그리고 다른 교구의 사모들과 함께 무슨 책을 읽었고 읽고 나서 어떤 것을 느꼈는지 나누길 바랍니다. 지적인 성장은 물론 깊이 있는 영적 교제에도 도움을 받을 것입니다.

부교역자의 아내로 지내는 동안 영혼들을 돌보며 육아와 살림을 동시에 하는 것이 쉬운 일은 아닐 것입니다. 그러나 우리는 앞으로 그렇게 살도록 교인들을 가르쳐야 할 사람들입니다. 그래서 우리가 먼저 이를 악물고 그렇게 살아내야 합니다.

자칫 교역자들은 신대원을 졸업하기까지 자신이 배우고 성장한 만큼 자신의 아내 또한 성장했을 것이라는 막연한 짐작을 하기도 합니다. 하지만 목회자의 아내는 그 기간 홀로 육아를 비롯한 여러 환경의 제약으로 인해 결혼 전 성장했던 그 이상 자라나지 못한 경우가 많습니다. 목회자는 이러한 어려움을 이해하고 아내가 성장할 수 있도록 격려하고 환경을 조성해 주어야 합니다.

동역자들에 대한 태도

―

비판은 나중에 해도 늦지 않습니다.
우선은 성경적으로 올바르고 좋은 점을 차근차근 배워 나가야 합니다.
그러면 동역자들을 존경하게 되고 자신은 더욱 겸손해져
참된 동역의 관계가 형성됩니다.

―

슬기로운 사람

마지막으로, 동역자들을 사랑하는 사람이 되어야 합니다. 어디에 가든지 슬기로운 사람은 자기가 서야 할 자리와 앉아야 할 자리를 정확하게 구별하는 사람입니다. 교역자는 그렇게 함으로써 교회를 질서 있게 세워 가야 합니다. 이 일들은 억압이 아니라 하나님께서 세워 놓으신 질서에 따라서 스스로를 낮추면서 자기 자리를 잘 찾아가는 것입니다. 윗사람들에게는 깍듯하게 예의범절을 지켜 대하고, 아랫사람들에게는 너그럽게 포용하면서 대해야 합니다. 그래서 윗사람들은 여러분들을 보면서 예의 바름을 깨닫고, 아랫사람들은 여러분들을 보면서 편하게 느낄 수 있는, 예의와 덕을 함께 갖춘 그런 사람이 되어야 합니다. 그런 가운데 함께 사역하는 동역자들 중 눈에 좀 덜 차는 사람이 있더라도, 언제나 깍듯하고 예의 바르게 상대해야 합니다.

교역자들이 목회의 현장에서 당하는 고난이 모두 사명 때문에 당하는 고난은 아닙니다. 본인은 그리 생각할지라도 다른 사람들이 보기에는 신앙과 상관없이 인격이 미천하거나 지혜가 부족해서 고통을 겪을 때가 의외로 많습니다.

삶의 올바른 태도를 분별할 줄 아는 슬기가 사명감에 넘치는 그리스도인의 삶을 빛나게 합니다. 우리가 인간 사회에서 통용되는 예의범절과 다른 사람들과 좋은 관계를 맺는 교양 있는 태도를 배울 필요가 있는 이유도 바로 이 때문입니다.

교양과 품위로 소통함

그리고 무엇보다도 교양 있는 사람이 되어야 합니다. 교회학교에서 기본적인 예의와 예절로서의 교양을 배웠다면 청년교구에서는 다른 사람을 불편하게 하지 않는 교양을 배워야 합니다. 물론 청년교구 때에도 기본적인 예의와 예절로서의 교양도 중요합니다. 부잣집에 심방을 갔을 때는 절대로 두리번거리면서 집구경을 하는 등의 행동을 해서는 안 됩니다. 중요한 것은 영혼을 만나러 온 것임을 기억하시기 바랍니다. 무슨 진귀한 음식을 가져다 주어도 부잣집에 가서는 다 먹어 본 것처럼 하고, 가난한 집에 가서는 빈대떡이 나와도 생전 처음 먹어 본 최상의 음식인 것처럼 하십시오. 어디를 가든지 꺾이지 않는 당당함과 머리 숙인 겸손함을 동시에 갖추어야 합니다.

사례비가 넉넉하지 않아 여러 벌의 옷을 살 수 없더라도 그 돈으로 제대로 된 옷 한 벌을 사 입고 품위 있게 사람들 앞에 나서야 합니다. 교역자가 교회에 후줄근한 차림으로 나타나서는 안 됩니다. 이런 부분은 사모가 책임 있게 돌아봐 주어야 합니다. 어디를 가든지 우리를 보고 생활고로 힘들어하는 사람이라고 느끼지 않도록 철저하고 가지런하게 교양을 갖춘 사람이 되어야 합니다. 무엇보다도 교양과 함께 도덕적인 기품이 있어야 합니다. 나이는 어리지만 함부로 하기 어려운 품격을 갖추어야 합니다.

또한 교양의 중요한 다른 모습이 있습니다. 교양의 근본은 내가 그 사람 옆에 존재하는 것 때문에 그 사람을 불편하게 해주지 않는 것, 오히려 내가 옆에 있어서 그 사람을 편안하게 해주는 것입니다. 교회와 다른 지체들에게 피해를 주지 않도록 아주 지혜롭게 배려하는 것들이 교양입니다. 그 연장선상에서 지체들과 동역자들을 매우 사랑해야 합니다. 그리고 그 동역자들과 한 교회를 섬기게 된 것을 정말 기뻐하고 감사하면서, 섬기며 살아갈 수 있는 그런 사이가 되어야 합니다.

항상 자기 일을 열심히 하다가 보면 옆에서 무슨 일이 일어나는지도 모르기 쉽습니다. 그러나 잠깐이라도 대화를 하며 기도 제목을 나누고, 그를 위해 기도하고, 서로 격려하고 위로하고 사랑하며 가는 것입니다. 목회 사역을 하다 보면 반드시 싫은 사람도 만나게 됩니다. 그런 사람들을 잘 섬기는 법을 배워야 합니다. 따뜻하게 품어 주어 누군가에 의해 버림을 받았다는 느낌이 들지 않도록 돌보아야 합니다. 그렇게 끌어안고 사랑하고 존경하고 높여 주어야 합니다.

겸손함이 마음의 문을 엶

교회를 섬기다가 동역자에게서 사역이나 인격에 있어서 탁월함이 발견되면 그것을 진심으로 부러워할 수 있어야 합니다. 그리고 무엇이든 좋은 것을 남에게서 배우려는 겸손한 태도를 가져야 합니다.

한번은 서울 근교에 있는 어느 교회에서 수요일 저녁 예배에 와서 설교해 달라는 초청을 받았습니다. 그 교회에 도착하여 담임목사실로 안내를 받아 가서 차를 마시게 되었는데, 그 자리에 담임목사님과 그분의 아버지이신 원로목사님 그리고 제게 설교해 달라고 연락한 장로님이 합석하셨습니다. 담임목사님과 장로님이 제 책의 독자라고 하셔서 이런저런 이야기를 나누었습니다. 그런데 제게 질문을 하시며 화색이 만연한 두 분과 달리 원로목사님의 표정은 매우 어두웠고 저를 경계하는 기색이 역력하였습니다.

잠시 후, 담임목사님과 장로님이 나가고 저와 원로목사님만 그 방에 남게 되었습니다. 저는 공손하게 원로목사님께 말했습니다. "목사님, 이렇게 젊은 목사가 목사님 교회에 설교하기 위해 왔는데, 그냥 돌려보내시렵니까?" 그러자 목사님은 더욱 경계하는 눈빛으로 저를 흠칫 쳐다보시더니 퉁명스럽게 말씀하셨습니다. "그게 뭔 소리요?" 제가 그분의 말씀을 받아 다시 여쭈었습니다. "이 교회를 개척하셔서 40년을 목회하셨다고 들었습니다. 이 젊은 목사에게 그래도 작은 교훈이라도 하나 가르쳐 주셔서 보내셔야지요. 제게 목회에 대해 단 한 가지라도 가르쳐 주시면 감사하겠습니다." 그제서야 원로목사님은 밝게 웃으시며 마음을 열어 주셨습니다. "교수님같이 열심히 공부하신 분에게 이 늙은이가 가르칠 게 무엇이 있겠습니까? 그래도 제 경험을 말씀드리자면……"

그날 우리는 예배가 끝난 후 헤어지는 순간까지 정담을 나누었습니다. 그날 밤, 그분은 제게 일생 잊을 수 없는 교훈을 주셨습니다. "교인들이 빨리 변화되지 않는다고 너무 조급해 하지 마십시오. 그대가 많이, 오래도록 사랑하며 기다려 주십시오."

언젠가 교계에서 존경받는 한 성결 교단 목사님의 초청으로 기도원에 찾아갔을 때의 일입니다. 그때에도 역시 저는 목사님의 목회 비결에 대해 질문을 드렸습니다. 첫 번째 청하였을 때는 거절하셨지만 두 번째 청하자 세 가지 이야기를 해주셨습니다. "성결해야

어느 추운 겨울, 수요 예배에 찾아온 교인들을 공손하게 맞이하는 교역자들. 목회자와 그 아내가 갖추어야 하는 겸손한 성품은 그 어떤 까다로운 사람들과도 결국 소통하게 만들어 주는 높은 덕목이다.

합니다. 그럼에도 불구하고 성결 때문에 소극적인 사람이 되어서는 안 됩니다. 그리고 하나님을 깊이 사랑해야 합니다." 이것은 그분이 오랜 세월 동안 살아오시며 뼈저리게 체험한 부분이며 불멸의 교훈입니다. 수십 년 목회를 한 뒤에 얻게 되는 교훈은 새로운 교훈이 아닙니다. 하지만 그 말씀을 주의 깊게 새겨들으면 목회에 말할 수 없이 큰 유익이 됩니다.

제가 그 두 선배 목사님들께 그렇게 질문을 드린 데에는 이유가 있습니다. 어떤 목회자들은 나름대로 사명감을 가지고 교역자 생활을 시작했을 텐데, 사역을 한 지 1년도 되지 않아 그만둘 생각부터 합니다. 그런데 제가 만난 두 분 선배 목사님들은 한 교회에서 30년, 35년을 목회하셨습니다. 제 눈에는 그 긴 세월을 흔들림 없이 한 교회에서 목회하신 것 자체가 존경할 만한 덕으로 보였습니다. 제게는 부족한 인내를 두 분에게서 발견했고, 그래서 그러한 부분을 배우고자 질문을 드렸던 것입니다.

항상 동역자들에게서 본받고 배울 만한 점을 찾고자 노력하십시오. 그렇게 겸손하게 배우려는 마음 자세를 가질 때 가장 유익을 누리는 것은 여러분 자신입니다. 비판은 나중에 해도 늦지 않습니다. 우선은 성경적으로 올바르고 좋은 점을 배우는 연습을 해야 합니다. 그러면서 하나씩 익혀 나가야 합니다. 그러면 동역자들을 존경하게 되고 자신은 더욱 겸손하게 되어 참된 동역의 관계가 형성이 되는 것입니다. 이처럼 여러분이 진정으로 동료들을 존경하고 사랑하는 가운데 아름답게 사역을 해서 주님께서 축복하시는 사역의 열매를 많이 맺기를 바랍니다.

Advice 3.

장년교구 사역 편

목회의 기술을 익힘

장년교구 교역자의 사역은 단독 목회를 시작하기 직전에 경험하게 되는 사역입니다. 그렇기 때문에 이 사역은 훈련의 마지막에 속하면서 한편으로는 더 이상 훈련이 아닌 실전으로서의 사역이라고 볼 수 있습니다. 목회자는 장년교구 사역의 중요성을 진지하게 생각하며 주어진 사역의 기회를 극대화시켜야 합니다. 동시에 이 시기는 특별히 그동안 교회학교를 거치고 청년교구를 거쳐 어느 정도 사역에 익숙해져 있는 때이기도 합니다. 따라서 이 시점에서 중요한 것은 목회자와 그 아내가 자신들이 하나님 앞에서 구도자로서의 삶을 끝까지 살아가야 한다는 사실을 가슴 깊이 새기는 일입니다.

뿐만 아니라 이 시기는 하나님의 부르심을 받은 목회자와 그 아내가 참된 연합이 무엇인가를 다시 한번 고민하고 추구해 나가야 할 때입니다. 참된 연합을 이루지 못한 채 단독 목회를 시작하게 되었을 때 목회자의 가정에는 커다란 고통이 뒤따르기 때문입니다. 그리고 목회의 중심에 무엇을 두어야 하는지에 대해 뚜렷한 답을 발견하고 확신해야 하는 시기입니다. 목회의 중심은 사랑과 헌신입니다. 여기에서는 이러한 장년교구 교역자 부부의 상황에 맞게 다섯 가지의 내용으로 이야기를 진행하고자 합니다.

훈련의 삶

목회 경험이 훈련이라는 것은 실전으로서 살고 난 뒤에
결과론적으로 해석해 보며 깨닫게 되는 것이지
목회에는 사실 훈련이라는 것이 존재하지 않습니다.
우리가 목회 현장에서 만나는 영혼들은 훈련 도구나 실습 재료가 아닙니다.
그 영혼이 얼마나 귀한지 인식하는 것이야말로 훈련의 삶의 진정한 기초입니다.

훈련으로만 되지 않음

비무장 지대에서 군생활을 했던 한 친구가 있었습니다. 이 친구가 한번은 북한군과 마주쳤던 상황을 말해 주었습니다.

평상시와 같이 조를 짜서 비무장 지대를 순찰하는데 갈대숲을 헤치며 가던 중 예고도 없이 불과 10-15m를 사이에 두고 화면에서만 보았던 무장한 북한군과 맞닥뜨린 것이었습니다. 이쪽은 세 명, 그쪽은 다섯 명. 순간적으로 총에 손이 가서 사격 자세로 서로를 겨냥한 채 서 있는데 전율이 느껴지면서 말할 수 없는 두려움이 확 엄습하더랍니다. 피차 긴장된 상태로 서 있다가 그중 한 명이 씩 웃었고, 그때서야 비로소 모두 제정신이 들어 서로 잘 가라면서 손짓하고 흩어졌다고 합니다. 그곳에 투입되기 전 수많은 훈련을 받았는데도, 막상 상황이 닥치자 아무 생각도 떠오르지 않고 그저 떨리기만 했다고 그는 말했습니다.

이 이야기를 통해서 말씀드리고 싶은 것은 하나님의 사람은 훈련에 의해 만들어지지 않는다는 사실입니다. 하나님의 사람은 하나님께서 그를 영혼으로부터 깊이 만나 주시고 역사해 주셔야 기본적인 사역자로서의 골격이 서게 됩니다. 다시 말해 위에서부터 부어 주시는 하나님의 특별한 무언가가 있어야 한다는 것입니다.

목회 생명을 좌우하는 훈련

그러나 목회자에게 훈련은 반드시 필요합니다. 왜냐하면 목회자의 사역은 총체적인 것이며, 교회 행정을 비롯한 사역들은 목회자의 생각을 구체적으로 실현시켜 주는 애플리케이션이기 때문입니다. 어느 한 부분을 뛰어나게 잘한다고 해서 목회자가 되는 것은 아닙니다. 말씀과 기도에 전념해야 한다는 말이 있습니다. 이것은 영원불변의 진리이지만 그렇다고 해서 목회 상황 자체가 말씀과 기도만 하면 다른 것은 신경 쓰지 않아도 되는 것이 아님을 기억해야 합니다.

어떤 경우에는 한두 가지 일에 전념하면 더 좋지 않겠는가 하는 생각을 가질 수도 있습니다. 혹 질서가 잘 세워진 교회에서 사역하는 경우에는 어느 정도 타당성이 있는 발상입니다. 하지만 그렇게 효율적인 구조가 마련된 교회는 흔치 않습니다.

교회 행정을 비롯한 모든 사역들은 소모적인 일이 아니라 말씀

■ 미국 웨스터민스터신학교(California) 2014년도 학위 수여식에 설교자로 초청받아 『목회자의 본질적 사명』이란 제목으로 설교하였다. 유창하지 않은 나의 영어 실력에도 불구하고 졸업생들과 재학생들은 눈빛 한 번 흐트러짐 없이 설교에 집중하였다. 설교를 마친 후 어느 연로한 목사님이 강대에서 걸어 나오는 나를 포옹하며 말했다. "나는 젊은 시절 가톨릭 사제였다가 복음을 발견하고 개종해 목사가 되었습니다. 당신의 설교를 들으니 그때 그 복음이 생각납니다." 한동안 나도 가슴이 먹먹했다. 이렇게 좋은 복음을 왜 우리는 드물게 설교하는가!

을 통해 확립된 목회자의 생각이 실현되는 애플리케이션이기 때문에, 만약 그러한 애플리케이션을 자신의 마음대로 할 수가 없다면 팔이 잘린 사람이 생각만 가지고 있는 것과 똑같은 상황입니다.

사단장이 총을 쏴서 모든 병사들보다 표적을 잘 맞출 필요는 없으나 총을 쏘는 것이 무엇인지 또 전쟁이 무엇인지를 알아야만 그 역할을 잘 감당할 수 있습니다. 마찬가지로 목회자도 목회자의 사역과 관련된 모든 상황을 이해하고 활용할 수 있어야 합니다. 그런 것들은 훈련을 통하지 않고는 절대로 할 수 없는 일들입니다.

　장년교구의 사역자들은 이제 곧 한 교회를 위임받아 담임을 해야 하는 시기가 가깝기 때문에 앞날을 생각할 때 필요한 것에 대한 염려가 있을 수도 있습니다. 하지만 사람이 먼저 갖춰진다면 하나님께서 그 필요한 모든 것을 주십니다. 중요한 것은 그렇게 갖춰져야 할 목회자의 전체적인 삶이 하루아침에 마음을 먹는다고 해서 완성되는 것이 아니라는 것입니다.

　목회자의 아내도 마찬가지입니다. 제가 한 똑똑한 형제를 알고 있습니다. 최고의 학부를 나왔고, 하나님을 아는 지식도 어느 정도 갖춘 형제였습니다. 형제는 목회자로 헌신했고 후에 한 교회를 맡아 단독 목회를 시작하였습니다. 그런데 안타깝게도 똑똑하고 헌신적이었던 이 형제를 목회지로 간 지 불과 1년이 채 되지도 않았는데 그 교회의 교인들이 투표를 해서 교회에서 내보내 버린 것입니다. 타 교단이었는데 그 교단은 교회법적으로 그렇게 할 수 있었습니다. 주위 사람들의 얘기를 들어 보니 목사님보다는 사모님 때문이었던 것 같습니다.

　내막이야 정확히 알 수 없지만 분명한 점은 그 사모님도 호강하기 위해 목회자의 아내가 된 것은 아닐 것이라는 사실입니다. 하지만 영혼을 섬기고 주님을 위해 살려고 다짐해서 순결한 마음을 가지고 정성을 다해 최선으로 헌신하더라도 훈련이 안 된 사람은 사역을 잘 해낼 수 없습니다. 이는 마치 수영만으로 한강을 건너고 싶은 간절한 마음이 있다 하더라도 평소 제대로 훈련하지 않은 사람은 절대로 건널 수 없는 것과 같습니다. 그런 의미에서 훈련은 목회 생명을 좌우한다고 해도 과언이 아닙니다.

또한 목회자가 어떠한 문제에 부딪쳤을 때 그 문제를 담담하게 헤쳐 나가기 위해서도 훈련이 필요합니다. 교인들이 가장 불안해하는 경우는 교회가 어려운 상황을 만났을 때 자신들의 목회자도 지금의 목회 상황을 처음 만나는 것 같다는 생각이 들기 시작할 때입니다. 목회자는 생전 처음 보는 위기를 만날지라도 수없이 그런 고비를 넘겨 온 사람인 것처럼 살아갈 수 있어야 합니다. 이러한 것들은 훈련을 통해서만 이루어집니다.

훈련은 이 교회 저 교회를 1년씩 2년씩 돌아다니거나 여러 세미나나 방법론을 배우러 다닌다고 해서 받을 수 있는 것이 아닙니다. 이러한 것은 자신의 것이 아니라 남의 것입니다. 훈련을 통해 목회의 골격을 세우기 위해서는 한 교회에서 오랜 시간 사역하는 자세가 필요합니다.

사역하는 가운데 담임목회자의 목회를 보며 '저건 성경적으로 아니다.' 하는 것을 제외하고는 일단 훈련을 받는 마음으로 잘 받아들여야 합니다. 그렇게 해서 골격이 세워지고 난 다음에 시간이 흘러 혼자 목회를 할 때 그 당시 깊이 공감하면서 받아들이지 못했던 것들은 현장에서 다시 과연 그러한가 점검해 볼 수 있습니다. 점검을 해 보아서 아니라고 판단이 서면 그때 세워져 있던 골격 가운데에서 빼내어도 늦지 않습니다. 이러한 자세가 필요한 이유는 아직까지 설명을 해서 이해하지 못할 수도 있고, 목회 또한 삶의 다른 여러 부분과 마찬가지로 상당 부분이 논리를 가지고 다 설명할 수 없는 직관에서 오는 것들이 있기 때문입니다.

이는 마치 군대에서 훈련병이 눈조차 깜빡거리지 못해 눈물이 쏟아지는데도 불구하고 이유도 모른 채 10분이나 15분씩 차려 자세를 취하는 것과 같습니다. 훈련할 때에는 이유를 설명하고 동의를 구한 다음 진행하지 않습니다. 그렇기 때문에 처음에는 수용하고 받아들이는 자세가 필요한 것입니다. 하지만 반드시 기억해야 할 사실은 결국 한 사람의 목회라고 하는 것은 그 사람이 훈련하며 받아들인 것들이 목회 과정에서 밖으로 흘러나오는 것입니다. 들어가지 않은 것은 절대 나오지 않습니다.

실전처럼 훈련을 받음

한 가지 더 기억해야 할 것은 훈련에 임하는 자의 자세에 관한 것입니다. 훈련을 받는 사람들은 그것을 훈련이라 여기며 받아서는 안 됩니다. 다시 돌이킬 수 없는 마지막 실전이라 생각하는 자세로 받아야 비로소 진정한 훈련이 될 수 있습니다. 부교역자들을 만나다 보면 열린교회에서 훈련을 받고 싶어 왔다는 사람도 있습니다. 단독으로 목회 사역을 하기 전에 훈련을 잘 받는 것은 매우 중요한 일입니다. 하지만 이러한 생각은 어떤 의미에서 잘못된 것일 수도 있습니다. 교회는 동역자가 필요한데 교역자는 훈련을 받겠다고 합니다. 달리 말해 훈련의 욕구를 채워 주지 못하면 언제든 떠나겠다는 말과 동일한 의미입니다.

목회에는 사실 훈련이라는 것이 존재하지 않습니다. 영혼들은 훈련 도구나 실습 재료가 아닙니다. 목회 경험이 훈련이라는 것은 실전으로 살고 난 뒤에 결과론적으로 해석해 보니 '모든 과정이 나에게 훈련이었구나!' 라고 영감적으로 깨닫게 되는 것입니다. 어떤 담임목회자는 인격적으로 신앙적으로 배울 것이 많은 분도 있을 수 있고, 또 역설적인 교훈만을 주는 분도 있을 수 있습니다. 하지만 부정적인 것들만 배운 것 같은 때에도 하나님께서 그 담임목사를 통해 배우게 하신 긍정적인 면도 반드시 존재합니다.

그렇기 때문에 항상 어느 자리에서든지 사소한 부분들에 대한 생각과 집착을 내려놓고, 하나님께서 허락하신 이 훈련을 받는 기회가 얼마나 귀한 것인지를 깨달으며 실전과 같이 훈련에 임해야 하는 것입니다.

치열하게 훈련을 받음

목회자의 입장에서 목회자의 아내 또한 사모구역에 속해 훈련을 받아야 한다고 했을 때 여러 가지 생각들이 들 수 있습니다. 담임목사의 밑에서 목회자가 훈련을 받고 야단을 맞는 것도 버거운데 아내까지 사모님께 훈련을 받아야 하는지 때론 자존심이 상하고 동의가 되지 않을 수도 있을 것입니다. 하지만 여기에는 여러 가지 이유가 있습니다. 우선 담임목사가 직접 부목사의 사모들을 훈련시킨다고 가정했을 경우에는 공유할 수 있는 삶의 영역이 없기 때문에 기술적으로 어려운 부분이 많습니다. 1년에 한두 번이야 가능한 일이 되겠지만 전반적인 훈련은 불가능합니다.

그래서 완전한 교회에 완전한 프로그램은 없겠지만 열린교회에서 사모구역을 만들어 담임목사의 사모가 부목사들의 사모들을 훈련시키도록 한 것입니다. 처음에는 실험적으로 해 보았지만 사모님들이 그 안에서 많이 변화되어 가는 것을 보면서 저는 하나님께서 이 모임을 사용하신다는 생각이 들었습니다. 그리하여 최종적으로 내리게 된 결론은 어느 부분에서는 부당하고 잘못되었다는 의견이 있을지는 몰라도 전체적인 골격을 세우고 앞으로 사역을 해 나갈 수 있도록 훈련을 받게 하는 것이 조국교회에 기여하는 일이라는 것입니다.

자의 아내 자신이 열심히 도와준다고 하더라도, 가장 훌륭하게 남편을 하나님의 사람으로 빚으시는 분은 하나님이시기 때문입니다. 담임목사도 목회자의 아내도 목회적인 상황도 아닙니다. 하나님만이 가장 잘 빚으실 수 있습니다. 아내가 수십 번을 잔소리해도 바뀌지 않는 남편의 결점도 하나님께서 손을 대시면 고쳐지고, 그 남편은 '하는 척'이 아닌 하나님 앞에서 '성심으로 섬기는' 사람으로 달라지게 됩니다.

나아가 목회자와 목회자 혹은 그 아내들과 아내들도 서로가 구도의 길을 걸어가는 사람으로 만나야 합니다. 사역자이기 이전에 형제로 그 아내이기 이전에 자매로 만나 "우리가 어떻게 하면 더 신앙생활을 잘 할 수 있겠는가, 요즘 하나님께서 너에게 어떤 말씀을 주시는가, 난 이런 부분들에 대해서 너무 고통스럽고 괴롭다." 하고 나누며 함께 구도자의 길을 걸어가는 것입니다. 하나님을 아는 지식을 서로 나누고, 서로를 인도하시는 하나님에 대해 나누는 것입니다. 그래서 때로는 물질의 부분에서 때로는 성결의 부분에서 깨닫게 해주시는 것들을 이야기하면서 베풀어 주신 구도의 은혜가 더욱 풍성해지도록 하며 살아가야 합니다.

단지 사역을 유능하게 해내어 다른 사역자들과의 경쟁에서 이기려는 것이 아니라 주님을 더 깊이 만나고 그 말씀을 깨달아 가는 착한 자녀가 되고 싶은 소원이 일어나는 삶을 살아가야 합니다. 만

최고의 소명은 구도의 삶

두 번째는 구도의 삶입니다. 목회자이기 전에, 목회자의 아내이기 전에 한 사람의 구도자이기에 우리는 모두 신자로서 구도의 정신을 가져야 합니다.

저는 목회자의 아내가 신앙생활을 잘하는 삶을 살았으면 합니다. 목사가 신앙생활을 잘하는 것은 굉장히 힘이 드는 일입니다. 왜냐하면 의사가 자기 몸을 진단하기가 어렵듯이 다른 사람을 위해서 늘 신앙적인 이야기를 해주며 살다 보면 어느 순간 자신은 이미 고도의 신앙을 갖췄다고 착각하기 쉽기 때문입니다. 그렇기 때문에 목회자는 자신이 항상 구도자의 삶을 살아갈 수 있도록 애쓰고 수고하여야 합니다.

목회자의 아내가 남편을 위해 기도할 때 첫 번째로 올라와야 할 제목은 남편의 영혼 안에 자기 깨어짐이 그치지 말게 해 달라는 것이어야 합니다. 왜냐하면 아무리 담임목사가 훈련을 시키고 목회

Advice 3. 장년교구 사역 편 | 145

아시아 지역 문명 진원지 아시홍이
역사시기 진입사회는 정복 매우 높은 돌이 입렵됩니다.
놀랍지만 한국상에도 이상은한 돌담덤이 거사 양네네는
극사에 한 거로 이 사이 극식
노주의 원이 많기 발사됩니다.

구돌이 명

그렇기 때문에 목회자의 아내들은 목회자만이 훈련의 대상이라고 여기지 말고 자신도 잘 훈련을 받아 후에 아름드리 그늘진 나무가 되어 많은 영혼들이 깃들게 하는 깊은 영성과 인격을 가진 사람들로 준비되어야 합니다.

나아가 목회자의 아내들은 남편의 훈련을 바라볼 때 그 과정을 하나님께서 허락하신 것임을 인정할 수 있어야 합니다. 가끔 본인이 볼 때에도 남편의 부족한 점이 보이기도 하고, 담임목사로부터 꾸지람을 들었다는 소식에 마음이 상하기도 하고, 다른 사역자들보다 자신의 남편이 교인들에게 인정을 못 받는 것 같은 느낌이 드는 때도 있을 수 있습니다. 그런 생각이 들 때, 어찌 마음이 힘들지 않겠습니까?

하지만 이런 일들로 인해 목회자의 아내가 낙담하고 넘어지면 결코 안 됩니다. 비록 지금은 힘이 들지만 이 모든 것들이 훈련의 과정에서 용해되는 그런 부분이라 생각하고, "내가 가는 길을 그가 아시나니 그가 나를 단련하신 후에는 내가 순금같이 되어 나오리라"(욥 23:10)와 같은 마음을 가지고 하나님 앞에서 남편의 다루어짐을 위하여 인내하고 기도해야 합니다. 그리고 함께 이런 길을 걸어갈 수 있는 사람이 되어야 합니다.

Advice 3. 장년교구 사역 편 ㅣ 143

성찬식에서 포도주 잔을 받은 후 "우리 함께 주님의 피를 기립시다."라는 집례자의 선언을 기다리며 기도하는 모습. 동역자는 일로 맺어진 관계이기 이전에 그리스도의 피로 맺어진 한 몸임을 잊지 말아야 한다.

약 이러한 삶을 살아가지 못한다면 목회자는 모든 면에서 사람 의존적이 됩니다. 그리하여 교회에서 담임목사나 장로들이 자신을 인정해 줘서 훗날 자신이 교회를 나갈 때 지원받을 일에 마음을 빼앗기는 것입니다.

하나님 앞에서 구도의 마음을 가지고 사는 사람들은 관심 자체가 구도에 있기 때문에 어떻게 하면 하나님과 동행하고 주님을 사랑하며 참된 신자와 참된 목자가 될지에 초점이 맞추어져 있습니다. 그러한 가운데 하나님께서 자신과 함께하시고 자기를 반드시 쓰신다는 확신이 있게 되므로 아무것도 두려워하지 않게 됩니다. 이렇듯 목회자로서 하나님만을 두려워하고 의지하는 사람이 되기 위해서라도 구도의 삶은 반드시 필요한 것입니다.

목회자의 아내도 마찬가지입니다. 그 자신이 구도의 삶을 살지 않을 때는 그리스도의 종이 되지 못합니다. 그저 남편이 사역하면서 다른 데 신경 쓰지 않도록 돕는 것은 단순히 남편의 종으로서 사는 삶이지 그리스도의 종된 삶은 아닙니다.

그렇기 때문에 목회자의 아내는 남편에 의해 흔들리는 신앙이 아닌 영적인 독립성을 가지고 자신 또한 구도의 삶을 살아가야 합니다. 이것은 부부로서 분리되어 살아가겠다는 독립 선언이 아닙니다. 남편을 의지하고 부부의 결합을 누리면서 살지만 동시에 숙명처럼 남편의 영적 성쇄에 매달리는 노예적인 삶을 살지 않겠다는 영적인 독립입니다. 그래서 자기 스스로 늘 하나님의 말씀 안에서 은혜를 받는 삶을 살아야 합니다.

말씀, 기도, 성령, 순종

이와 같은 구도의 삶을 살기 위해 추구해야 할 것을 네 가지로 나누어 설명하겠습니다.

첫 번째는 모든 구도의 길이 하나님의 말씀 속에 있기 때문에 목회자와 그 아내는 하나님의 말씀을 부지런히 깨닫도록 노력해야 합니다.

대부분의 부교역자들에게 장년교구 사역은 단독 목회 사역을 위한 마지막 담금질입니다. 성경과 신학을 공부함으로써 말씀의 사람이 되는 것은 장년교구 목회 시절뿐 아니라 교역자로 발을 들여놓은 때부터 계속적으로 헌신해야 할 일입니다. 그럼에도 불구하고 장년교구를 목회하는 부교역자 시절에 특히 강조되어야 할 공부가 있는데, 그것은 다음과 같습니다.

먼저 이론 신학의 면에서는 이제 그동안 공부해 온 내용들에 대해 커다란 골격을 갖추는 일이 필요합니다. 깊이 있는 조직 신학 시리즈들과 기독교 철학에 대한 공부를 추천할 만합니다. 물론 성경 자체에 대한 공부도 게을리 하지 말아야 합니다. 이 시기쯤에는 부교역자로서 설교가 상당히 원숙한 경지에 이르렀어야 합니다. 따라서 설교에 대한 이론적 공부도 추천할 만합니다. 그리하여 이론뿐 아니라 설교 전달에서도 영적 능력으로부터 시작해서 정서적 전달과 수사학에 이르기까지 완숙한 상태에 이르도록 이에 필요한 공부를 해야 합니다.

또한 장년 목회에서 만나는 성도들의 현실 생활에 관련된 문제들, 즉 직업과 가정, 기질과 부부 관계, 직장 생활과 경건, 권태와 이혼, 자녀 교육과 부모 역할, 우울증과 중독 등의 문제들도 다룰 수 있도록 이런 주제에 대한 풍부한 지식을 갖추어야 합니다. 그리고 문제 성도들을 다루는 기술도 익혀야 합니다. 이런 목회의 기술들을 습득하기 위해서는 상당한 공부를 해야 합니다.

무엇보다도 이 시기쯤 되면 어느 정도 성경을 묵상하고 본문을 다루는 일에서 후배 교역자들에 비해 탁월하게 높은 경지에 이르러야 합니다. 이를 위해서는 성경을 공부하는 것뿐 아니라 그것을 묵상하고 거기에 자신을 깊이 침잠시키는 경건의 실천들이 꼭 필요합니다.

목회자들은 사역하는 가운데 밀려들어 오는 일로 기운이 소진되어 집에서만큼은 사역과 단절되고 싶어하는 심리가 있습니다. 그래서 목회자의 아내 또한 양육되어야 할 한 영혼임에도 불구하고 자신의 아내를 교회에서 영혼들을 가르치듯 대하지 못합니다. 목회자의 아내는 이러한 목회자의 한계를 인정하며 스스로 말씀을 깨닫기 위해 애를 써야 합니다. 말씀 자체를 열심히 읽고 연구할 뿐 아니라 말씀을 깊이 깨닫기 위해 필요한 지식을 위한 책들도 부지런히 읽어야 합니다. 열린교회에서 제공하는 기본적인 책들과 경건 서적들을 활용하고 또 여유가 있을 때 설교 시리즈들을 계속 들으면서 자기 나름대로 그것을 정리하고 적용할 뿐만 아니라 지체들의 삶을 돌아볼 수 있는 그런 내용들을 쌓아 나가야 합니다.

그 다음 두 번째는 기도 생활입니다. 기도 생활을 잘해 나가기 위해서 무엇보다 필요한 것은 긴장, 즉 생명에 이르는 거룩한 긴장입니다. 목회자와 그 아내는 모든 방면에서 자라나야 합니다. 하지만 모든 방면에 자라나기 위해 필요한 능력이 부족한 것은 사실입니다. 그럼에도 불구하고 모든 방면에서 자라나는 것은 불가능하다고 여겨서는 안 됩니다. 할 수 있는 것 몇 개만 하고 나머지는 포기한다고 생각한다면 오히려 몇 개 생각한 그것 또한 절대로 잘할 수 없는 상태에 이르게 됩니다. 그렇기 때문에 최선을 다해서 몸부림쳐야 합니다.

이런 몸부림 속에서 느껴지는 전 방위적인 아픔을 통해 비로소 겸비한 마음과 하나님만 의지하는 마음과 시간을 아껴 써야 한다는 자각이 생기게 되는 것입니다. 이때 생긴 자각이 거룩한 긴장을 만들고 비로소 기도 생활이 뜨겁게 불붙게 됩니다. 목회자의 아내는 이러한 긴장 속에서 영혼들을 위하여 기도해야 합니다. 청년교구 사역자들에게 만들어 주었던 것과 같은 각 교구 지체들의 기도제목 책자를 가지고 성심껏 기도하는 것입니다. 명단들을 가지고 기도하다 보면 자연스럽게 대상들의 이름과 상황이 외워질 뿐 아니라 영혼의 변화에 대해 민감한 마음을 갖게 됩니다.

회심하지 못한 영혼을 위해 기도하던 중 남편이 집에 돌아와 "여보, 오늘 예배에서 그 사람 회심했어."라는 말 한마디에 눈물이 글썽이게 됩니다. '내가 그 영혼을 위해 기도했었는데 남편의 설교에 감동하여 변화되었구나, 하나님께 기도하는 중에 한 영혼이 변화되었구나!' 그때 비로소 영혼에 대한 뜨거운 사랑이 생기게 되는데 사실은 그게 목회의 시작입니다. 자신이 그 영혼을 낳은 것과 같은 생각이 들 때 어려움에 처하면 도와주고 싶고 그를 위해 자신의 유익을 버릴 수 있는 희생의 마음들이 생겨나게 됩니다. 그렇기 때문에 목회자의 아내 자신이 반드시 기도해야 하는 것입니다.

세 번째는 성령의 은혜를 구해야 한다는 것입니다. 토레이 목사님의 저서『기도와 영력』을 읽어 보면 다음과 같은 내용이 나옵니다. 어떤 누군가가 사역을 하는 자신에 대해 능력도 없고 부족하다고 한다면 토레이 목사님은 "그렇다면 그만두라."고 말하고 싶다고 합니다. 충만히 성령의 은혜를 부어 달라고 기도해서 능력 있게 사역을 해야지 마치 능력이 없다고 고백하며 굉장히 양심적이고

새신자를 만나 기독교 신앙을 소개하고 있는 목회자와 평신도 지도자. 목회자와 그의 아내는 이미 믿고 있는 신자들이 모인 교회에서 사역하기 때문에 전도에 대한 도전을 상실하기 쉽다. 특히 부교역자 시절에 더욱 그러하다. 부교역자 시절, 불신자들을 친절하고 자연스러운 태도로 위축됨 없이 대할 수 있도록 훈련해야 한다.

자기 성찰을 잘 하는 것처럼 말하는 것은 잘못되었다는 뜻입니다. 하나님께서 원하시는 것은 입에 발린 소리가 아니라 약하기 때문에 눈물로 하나님을 의지하고 매달리는 것이며, 그렇게 나아올 때 그 사람의 사역 가운데 성령을 부어 주십니다.

사람이 사람을 변화시키는 것은 한계가 있습니다. 사람의 관계가 좋아지는 것이 목표라면 어느 정도 사람이 노력할 수 있는 부분이지만 그 영혼 속에 주님이 심겨지는 것은 성령께서 역사하시는 것이 아니면 불가능합니다. 그렇기 때문에 미국 사람들이 사용하는 최악의 욕이 "성령을 받지 말고 목회나 해라."라고 하는 것입니다. 나아가 성령을 구하되 단순히 "성령을 부어 주십시오."에 그쳐서는 안 됩니다. 목회자와 그 아내가 함께 성령을 구할 때, 특별히 성령의 강력한 부으심이 필요한 사역이 언제인가를 명확히 알고 그때를 위하여 구하여야 합니다.

교인들이 처음 교회에 발을 들여놓는 새가족반 사역과 같은 경우가 성령의 강력한 부으심이 필요한 사역의 대표적인 예가 될 수 있습니다. 교회 사역 전반을 둘러보았을 때 처음 교회를 찾아왔을 때부터 은혜를 받고 교회 생활을 시작하면 이후에 진행되는 모든 사역이 원활할 수 있기 때문입니다. 금요기도회와 같은 경우도 마찬가지입니다. 많이 모이도록 기도하고 혹 적은 수가 모이더라도 그 영혼들이 눈물로 기도하고 돌아가서 다음 주에는 지체들을 데리고 와서 기도할 수 있게 해주시라고 기도하는 것입니다. 교구들이 함께 모여 마음이 녹아내리듯 기도하고 성령의 역사하심 가운데 하나님의 은혜와 사랑이 부어진다면 교회 전체가 그 기도의 영향 아래 충만해질 것입니다. 이와 같이 목회자와 목회자의 아내들은 성령의 은혜가 부어져야 할 곳을 알고 그곳에서 역사하시도록 간절히 기도하는 삶을 살아가야 합니다.

네 번째는 순종하는 삶을 살아야 한다는 것입니다. 목회자와 그 아내는 변화되어 순종하는 삶을 추구해야 합니다. 하나님께서는 목회자와 그 아내가 변하지 않으면 그러한 상태를 스스로 깨닫게 하시기 위해서라도 교인들을 변화시키시지 않습니다. 먼저 하나님 앞에 변화되고, 먼저 하나님 앞에 순종하고, 먼저 하나님 앞에서 삶을 영위해 가야 합니다. 목회자가 먼저 말씀에 순종하고, 또 그의 아내는 남편을 통해 선포되는 그 말씀에 순종하는 삶을 살아갈 때 하나님께서는 그 사역에 기름을 부으시고 은혜를 내려 주십니다. 이러한 가운데 인격적으로 존중하는 마음으로 본인 스스로 인식하고 있지 못한 문제들을 가르쳐 주고 순종해 나가며 구도의 삶을 살아가야 합니다.

부부가 동역하는 삶

―

목회자는 사역과 가정을 이분법적으로 나눠서 생각하지 말아야 합니다.
아내는 남편에게 딸려 있는 하나의 부속물이 아니라
하나님 앞에서 독자적으로 감당해야 할 사명이 있는 존재임을 인정하고
자신의 고뇌의 현장인 광야와 같은 사역의 한복판에
아내의 자리를 허락해 주어야 합니다.

―

제가 언제나 강조하는 부분이지만 사역은 절대 목회자 혼자 할 수 없습니다. 혼자 하는 사역이 성공한 경우에는 목회자의 아내의 마음에 커다란 시험과 공허함과 상처를 남겨 주는 목회가 되고, 실패한 경우에는 가정과 목회 둘 다 불행해지게 됩니다. 그렇기 때문에 목회자와 그 아내는 동역하는 삶을 살아가야 합니다.

올바른 질서로 사랑함

간혹 유별날 정도로 가정을 챙기는 목회자가 있습니다. 가정을 사랑하는 것은 중요한 일이지만 그것이 유별나 보일 때 그 동기를 살펴볼 필요가 있습니다. 이러한 가정 사랑에는 일종의 보상 심리가 작용하는 경우도 종종 있기 때문입니다. 사역으로 인해 목회자 스스로 가정에 소홀하다고 느끼게 되고 목회자의 아내와 자녀들이 남편이나 아빠를 교회 봉사에 빼앗겼다고 생각할 때, 이런 현상이 나타날 수도 있습니다.

목회자들은 화요일부터 주일까지 아내와 애들을 팽개쳐 놓고 사역을 하다 보면 가족과 집에서 한두 끼도 함께 먹지 못할 때가 많습니다. 그러다 보니 월요일이나 혹은 적어도 1년에 며칠이라도 가정에 충실한 시간들을 만들어 가족을 향한 미안한 마음을 달래려고 합니다.

물론 사역이 바쁘기 때문에 소홀해진 부부 관계나 가족 관계를 그런 시간을 통해 보충한다는 것은 바람직한 일이지 책망받을 일이 아닙니다. 하지만 가족들을 향해 과도한 부채 의식을 갖고, 이렇게 특별 활동 같은 방식으로 본질적인 문제를 해결하려 해서는 안 됩니다.

실제로 저는 남편과 아빠로서의 역할을 다하지 못하고 있다는 미안함에 사로잡혀 아내에게 절절매며 살아가는 목회자와 그것을 당연하게 여기는 그의 아내를 만난 적이 있습니다. 목회자가 아내와 자녀들에게 지나칠 정도로 잘해 주려 애쓰는 것은 오히려 그들이 실질적으로 연합되지 못했다는 증거일 수 있습니다.

목회 사역 안에서 한마음이 됨

목회자와 목회자의 아내는 다른 곳이 아닌 목회자의 사역 안에서 연합해야 합니다. 아내가 원하는 것은 단순히 남편이 자신을 호

교인들에 대한 사랑

사랑의 삶에서 첫 번째는 교인들에 대한 사랑입니다. 목회자는 영혼을 깊이 사랑하고 그 영혼들의 연약한 부분들과 그에게 베푸시는 하나님의 은혜를 바라보며 항상 하나님 앞에 눈물이 있는 목회를 해야 합니다. 왜냐하면 이러한 목회자들의 눈물이 쓴 뿌리들에게는 제초제가 되고 잘 심겨진 씨앗들에게는 잎이 돋고 싹이 나게 만드는 훌륭한 비료가 되기 때문입니다. 사랑은 모든 능력보다 뛰어납니다.

제가 잘 아는 어느 목사님의 일화입니다. 지방에 집회를 하러 가셨는데 귀신 들린 아이가 찾아왔습니다. 그 목사님은 자신이 그래도 능력을 꽤 받았다고 생각했는데 아무리 기도해도 귀신이 나가질 않고 오히려 길길이 날뛰는 것이었습니다. 귀신 들린 아이의 엄마는 서울에서 부흥사 목사님이 온다고 해서 안수기도를 받으면 치유될 줄 알고 데리고 왔는데 나을 기미가 전혀 안 보이자 낙심하여 구석에서 대성통곡을 하였습니다.

그 엄마도 가엾고 귀신 들린 아이도 불쌍해서 목사님이 기도를 하다가 그만 펑펑 울었다고 합니다. 평소에 잘 우는 분이 아닌데 자기가 능력이 없어 귀신이 나가질 않자 그 영혼이 너무 불쌍했던 것입니다. 그렇게 아이를 붙잡고 사흘을 울며 기도했더니 언제 나갔는지도 모르게 귀신이 나갔더랍니다. 통상적으로 귀신이 나갈 때는 소리를 지르며 생난리를 치는데 그때는 조용히 나간 것입니다. 목사님 하시는 말씀이 능력이 역사할 때는 귀신이 발악을 하는데 사랑이 역사를 하니 귀신도 순종한다는 것이었습니다.

이렇듯 능력보다도 탁월한 것이 바로 사랑입니다. 영혼을 사랑하여 가슴 깊이 보듬고 죄와 반항을 가진 연약한 영혼을 긍휼히 여기는 마음으로 바라보며 그를 안을 수 있어야 합니다. 혹여 교인이 잘못하고 마음에 들지 않을 때에도 자신의 젖꼭지를 깨물었다고 자식을 시멘트 바닥에 던지는 엄마가 없듯이, 목회자도 아프지만 참고 견뎌야 하는 것입니다. 목회자와 그의 아내의 눈에는 영혼들에 대한 사랑과 긍휼함 때문에 눈물이 마르는 날이 없어야 되는 것입니다.

이렇게 영혼을 깊이 사랑하다 보면 자연스럽게 나타나는 사역이 바로 심방입니다. 목회자는 심방을 통해 영혼의 상태를 부지런히 살피며 사랑으로 함께 아파하고 기뻐하며 교인들과 더불어 살아갑니다. 그러나 심방을 많이 하되 지혜롭게 해야 합니다. 영혼을 사랑한다고 해서 사방팔방 돌아다니는 목회를 하는 것은 비효율적입니다. 찾아가지 않으면 도저히 만날 수 없는 사람, 찾아가도 피하는 사람, 부르면 올 사람을 구분하여 시간을 안배해 적절하게 섞어 사역을 해야 합니다.

영혼을 신앙적으로 가르칠 때는 권위 있게 목회자의 방으로 부르고, 그렇지 않은 경우에는 찾아가서 직선적으로 영혼의 문제로 들어가 어루만져 주고 다루어 줄 수 있어야 합니다. 그러면서 우는 사람과 함께 울고, 아파하는 사람과 함께 아파하며 사역을 해 나가는 것입니다. 이러한 사역들을 통해 모든 사람을 좋은 사람으로 세울 수는 없겠지만 그렇게 아파하고 가슴앓이를 하다가 마지막에 영혼들의 이름을 부르면서 주님의 품으로 가는 것이 바로 목회자의 삶입니다.

동역자들에 대한 사랑

사랑의 삶의 두 번째는 동역자들에 대한 사랑입니다. 목회자는 동역자들을 사랑하고 항상 겸비해져서 자기보다 나은 사람에게 배우는 것을 부끄럽게 여기는 것이 아니라 오히려 기쁘게 여기는 사람이 되어야 합니다. 만약 훈련의 과정에서 그런 자세를 잃어버린

다면 자신의 발전이 현저히 부족하게 될 뿐 아니라 공동으로 사역하는 것에 말할 수 없는 취약점을 갖게 됩니다. 따라서 항상 함께 사역하는 자세를 가져야 합니다.

교회 사역은 네트워킹이 없이는 이루어질 수가 없습니다. 교회가 커지면 커질수록 더욱 이러한 필요는 많아지게 됩니다. 그렇기 때문에 교역자들은 늘 협의해야 합니다. 어쩔 수 없이 서로 논의하는 것이 아니라 존경하고 사랑하는 가운데 함께 사역해 나가는 것을 좋아해야 합니다.

그렇게 해 나가기 위해 목회자의 아내들은 남편들이, 남편들은 그 아내들이 서로 융화될 수 있도록 잘못된 것을 선의로 해석해 주고 선한 일은 더욱 칭찬하고 권하는 화해자로서의 삶을 살아가도록 노력해야 합니다. 목회자들과 그 아내들이 용납하고 살지 못하면 교회는 더욱 힘들어질 것입니다. 아무리 이유가 정당하더라도 서로 용납하고 살지 못하는 것은 옳지 않은 것입니다.

이 세상에 자신을 비롯하여 완전한 사람은 아무도 없습니다. 목회는 허다한 허물을 덮고 참아 주고 기다려 주는 것입니다. 반대편에 서 있는 사람도 설득해 그의 마음을 녹이고 움직이는 것이 목회입니다. 목회의 이러한 성격은 교인들뿐 아니라 동역자들에게도 그대로 적용됩니다. 아무리 교인들을 사랑하는 듯 보여도 동역자들 사이에서 사랑이 나타나지 않는다면 그 목회는 실패한 것입니다. 그러한 자리에 성령께서는 절대로 역사하시지 않습니다.

제가 『교사 리바이벌』에서 썼듯이 유능하고 신앙적으로 뛰어난 사람들과 사역할 때 사단이 마지막으로 쓰는 카드는 분열입니다. 이런 분열이 일어나면 목회 현장은 초토화됩니다. 그렇기 때문에 목회자는 슬기롭게 비켜 갈 것은 비켜 가고 사랑으로 풀어야 할 것은 풀어 가며 사역을 감당해 나가야 합니다. 깊이 기도하며 성심으로 서로 사랑하는 것이 내 사명이라고 생각하고 서로의 필요를 돌아보며 한 가족처럼 지낼 수 있는 삶을 살아가야 합니다.

❚ 2014년 여름 교역자 부부 수련회 중 열린 축구 경기에서 이긴 팀이 선배 교역자를 헹가레 치는 광경. 여름에는 교역자 부부가 함께, 겨울에는 교역자들만 모여 수련회를 한다. 사역 초기에는 교역자 수련회에서 하루 10-15시간씩 사역 회의를 했지만, 이제는 화합과 재충전의 시간도 가지고자 한다.

헌신의 삶

―

초점이 흔들리지 않은 채 뚜렷한 목표 의식을 가지고
주어지는 모든 일에 생명을 걸고 헌신해야 합니다.
그렇게 하지 않으면 하나님의 역사는 일어나지 않습니다.

―

영혼 사랑에 목이 멤

마지막으로 다섯 번째는 헌신의 삶입니다. 그런데 헌신의 삶을 살기 위해 필요한 것이 있습니다. 바로 목표입니다. 목회자는 주님께서 자신을 이곳에 세우신 목적이 있음을 알고 가슴에 불타는 목표를 세워야 합니다. 그 목표는 영혼입니다. 목회자는 자신이 맡은 교구에 찾아오는 영혼에 대한 목표가 있어야 합니다. "하나님께서 내가 맡은 교구에 더 많은 영혼을 보내 주시고 그 영혼들이 주님을 만나게 해주십시오." 이러한 목표는 세속주의와는 전혀 다른 것입니다.

세속주의는 단적으로 말하자면 목회자가 교인을 많이 모아 헌금을 걷고 호강하려고 하는 것입니다. 사람들을 숫자로 보는 것이 아니라 세상에서 방황하고 유리하는 수많은 영혼들로 보고 그들에 대해 아픔을 갖고 그 영혼들을 보내 달라고 기도하는 것은 세속주의가 아닙니다.

예전에 제가 섬기던 교회의 담임목사님은 구령의 열정이 있는 분이셨습니다. 그분이 "오늘은 밥알이 모래알 같아서 물을 먹고서 한술 뜨다가 숟가락을 내려놓고 왔습니다." 하면 그날은 주일 낮 예배에 교인이 조금 온 날입니다. 또 "오늘은 점심을 안 먹어도 배가 부르더군요." 하면 교인이 많이 출석해서 은혜로운 예배를 드린 날입니다.

그분은 주일 낮 예배에 모이는 출석 교인들의 숫자에 집착해서 그런 말씀을 하신 것이 아니었습니다. 대형 교회의 담임목사가 되고 싶어 그러시는 것도 아니었습니다. 그저 진심으로 구원받지 못한 영혼들이 가슴 아파서 목회하시는 내내 그 말을 입에 달고 사셨습니다.

이것이 바로 목회자의 마음입니다. 그러니까 하나님 앞에서 간절히 영혼들을 보내 주시기를 기도하지 않을 수 없는 것입니다.

이런 목표는 누군가가 제시해 주는 것이 아니라 목회자들 자신이 가지고 있어야 합니다. 하는 대로 하는 것이 아니라, 하나님께서 금년에 어느 정도의 영혼들을 붙여 주셨으면 좋겠다는 목표를 가지고 부부가 함께 간절히 기도해야 합니다. 출석하던 지체들이 미끄러져서 나오지 않거나 더 이상 새로운 영혼들을 보내 주시지 않을 때에는 다시 자신을 돌아보면서 계속해 하나님 앞에 간절히 기도해야 합니다.

▌매년 여름, 농어촌 지역과 무교회 지역에 전도를 위해 성도들이 파송된다. 이 일은 15년 동안 계속해 온 조국 교회를 위한 봉사다. 100가구 이상의 마을인데 인근 4km 반경에 교회가 없는 곳을 우리는 무교회 지역이라 부른다. 이곳을 무전여행하듯 순례하며 전도하는 일은 청년들의 몫이다. 나는 그들 중에서 이런 외딴 시골 동네에서 전도하고 목회하도록 부름받는 이가 나오길 기도한다.

또한 하나님께서 교구에 일꾼을 보내 주시리라는 목표를 가지고 간절히 기도해야 합니다. 교구 사역에는 목회자의 손발이 되어 도와줄 일꾼들이 너무 필요합니다. 그렇게 진실하게 헌신되어 분신처럼 드림팀이 되어 섬겨 줄 사람이 적어도 10명 정도 있다면 부러울 일이 없을 것입니다. 그런 목표를 가지고 그 목표를 위해서 헌신해야 합니다.

예수님께서도 그렇게 사역을 하셨습니다. 예수님께서는 내적으로는 자신을 대속제물로 바치는 목표를 가지셨지만, 외적으로는 12명의 제자들을 가르치는 목표를 가지고 달려가셨습니다.

그런 모습을 목회자가 본받아 간절히 기도하고 섬겨서 구역 모임에도 매번 빠지던 사람들이 은혜를 받아 구역장이 되고, 또 구역장이 아니더라도 바쁜 와중에도 와서 물질로 섬기고 마음을 바쳐서 헌신하게 된다면 그것은 하나님 앞에 감사할 제목이 될 것입니다.

한 해가 지나갈 때 다른 교구는 가만히 있는데 자신이 맡은 교구가 성장하여 둘로 나누어지게 된다면 그것이야말로 하나님께서 허락해 주신 보람된 일이 될 것입니다. 우리들이 뿌려 놓은 씨로 인해 새로운 교구가 태어나고 일꾼들이 새로 서게 된 것입니다. 이러한 결과가 바로 목표가 있는 사역 가운데 일어나는 일입니다.

핵심 가치에 헌신함

어린 시절, 장난감 아닌 장난감을 재미있게 가지고 놀았습니다. 그것은 노인들이 쓰다 버린 돋보기 안경알이었습니다. 특히 겨울이 되면 아이들이 따뜻한 볕이 드는 양달에 옹기종기 모여 앉아 돋보기로 초점을 맞추어 검은 먹지에 햇볕을 비춥니다. 한참 동안 비추고 있으면 그 추운 날씨에도 먹지에 불이 붙기 시작합니다.

모든 가치 있는 일의 성취는 대부분 집중을 필요로 합니다.

저는 요즘도 제 서재의 책꽂이를 붙들고 가끔 눈물을 흘립니다. 설교도 집필도 하나님께서 주신 은혜 속에서 최선을 다해 감당하려고 해 왔으나 늘 아쉬움이 남아 있습니다. '덜 가치 있는 일에 사용한 시간들을 이 책들을 탐구하고 성경 진리를 더 깊이 이해하는 데 썼더라면, 지금보다 나은 설교자가 되었을 텐데……. 내게 더 많은 시간이 있었다면, 더 깊이 공부하고 더 넓게 연구하여 더 좋은 설교 더 만족스러운 책을 내놓을 수 있었을 텐데…….' 하는 생각이 들 때도 있습니다.

그러면서 로이드 존스(1899-1981) 목사님의 딸 엘리자베스가 했던 말이 생각이 납니다. 어느 날 교회 역사에 관해서 무엇인가 궁금한 점이 생겼는데 당연하다는 듯이 돌아가신 아버지가 떠오르더랍니다. '아버지한테 상의하면 다 이야기해 주실 텐데…….'

▌ 여름수련회 저녁 집회에서 설교하기 직전의 내 모습이다. 기도중인지, 기도를 마치고 설교 프레임을 다시 보고 있는 중인지 알 수 없다. 그러나 내 마음이 가장 가난한 시간이었음에는 틀림이 없다. 수없이 설교단에 올라갔건만 내게 설교는 언제나 이국의 언어이다.

이처럼 후배 사역자들이나 성도들에게 언제든 찾아가 신앙의 궁금한 문제들을 물어보고 영혼에 유익이 되는 해답을 얻고 돌아갈 수 있는 그런 부요한 지식의 사람이 되어 주고 싶은데, 마음은 간절하지만 현실은 부족한 점 투성이입니다.

이런 생각에 고민하다 보면 지나온 날들에 대해 더 많이 공부하고 매달릴 걸 하는 후회가 들기도 합니다. 그러나 이러한 후회는 저 자신에 관한 것이지 제가 영혼을 위해 선택했던 시간에 관한 것은 아닙니다. 젊었을 당시 저는 박사 과정을 하다가 2년을 휴학하고 제가 담당했던 고등부에 매달린 적이 있었습니다. 학문을 하는 사람의 관점에서 보면 어리석은 선택이었다고 말할 수 있겠지만 영혼들에 대한 문제였기 때문에 그 선택 자체에 대해 후회해 본 적은 한 번도 없습니다.

지금도 틈나는 대로 더 열심히 공부하려 하지만 그것은 목회의 유익을 위한 것이지 지적인 만족을 누리기 위한 것은 아닙니다. 치열한 연단을 겪으며 살았던 덕분에 갖게 된 확신이 있다면 이제는 목회를 하며 마음이 갈리지 않을 자신이 있다는 것입니다. 어디엔가 열중하되 그것에 함몰되어 주객이 전도되어서는 안 됩니다.

그렇기 때문에 지금 장년교구를 맡고 있는 목회자들에게 권면하고 싶은 것은 지식을 쌓기 위해 독서를 해도 되고 건강을 위해 운동을 해도 괜찮지만 단 하나 초점이 흔들려서는 안 된다는 점입니다. 초점이 흔들리지 않은 채 뚜렷한 목표 의식을 가지고 주어지는 모든 일에 생명을 걸고 헌신해야 합니다. 그렇게 하지 않으면 하나님의 역사는 일어나지 않습니다.

자신이 저 강대상 뒤의 십자가에 못 박혀 죽는다 해도 맡겨진 영혼들이 변화될 수 있다면 어떤 것도 필요하지 않다는 고백이 있어야 합니다.

자신을 쏟아부으며 생명을 걸고 주님을 섬긴 날 중에 단 하루도 하나님께서 보상하지 않으시는 날이 없고, 자신의 마음을 다 쏟아 붓지 않고 살아온 날들 중에 미래에 도움이 되는 날이 별로 없습니다. 왜냐하면 아무리 열심히 무엇인가를 한다고 할지라도 그것은 단지 기술 정도를 습득한 것이지 하나님께 쓰임받을 만한 그릇이 된 것은 아니기 때문입니다.

그렇기 때문에 우리는 정말 헌신하면서 살아야 합니다. 한계를 극복해 나가야 합니다.

영혼을 위해 자신을 허비하는 삶을 살게 될 때 하나님께서는 그것을 제물로 삼아 그 위에 불을 내리시고 사용하셔서 주님의 위대한 역사를 일으켜 주십니다. 현재 맡고 있는 교구 안에서 먼저 그렇게 헌신해야 합니다. 과거 자신이 부교역자로 섬겼던 교회는 미래의 어느 순간에는 자신과 상관이 없게 되는 경우가 많습니다. 하지만 그러한 때에도 남는 것은 그렇게 섬기는 과정에서 얻게 된 훈련의 결과들입니다.

언젠가 세월이 지나고 나면 많은 사람들이 여러분들에게 찾아가서 자신의 스승이 되어 달라고 하는 날이 있을 것입니다. 그때 여러분들의 마음에는 이러한 훈련의 결과들이 남아서 남의 이야기가 아닌 자신의 이야기로 이렇게 살아야 한다고 말해 줄 수 있어야 합니다. 그때에는 진정 갖춰진 사람이 되어야 합니다. 저와는 비교되지 않을 정도의 감화를 끼치며 또 배우기 위해 찾아온 사람들이 여러분을 통해 미래의 스승으로 바뀔 수 있는 그런 사람이 되어야 합니다.

그러기 위해서는 다른 사람과 똑같은 삶을 살아서는 안 됩니다. 남들보다 더 탁월하고 특별한 헌신이 필요합니다. 그리하여 하나님께 영광을 돌리는 여러분이 되시기를 바랍니다.

Advice 4.
여성교구 사역 편

사랑의 헌신을 배움

여기에서 다루는 내용들은 목회의 기술이라기보다 여성이라고 하는 영혼의 특성을 고려하여 효과적으로 교인들을 돌볼 수 있는 목회의 원리와 중심축이 무엇인지를 살펴보는 것입니다.

열린교회의 경우 장년들은 남성교구와 여성교구로 나뉘어 편성되는데, 남성교구는 남성 교역자가 여성교구는 여성 교역자가 사역하고 있습니다. 여성 교역자의 경우 장년 여성교구 사역은 어쩌면 사역의 최종 지점이라고 볼 수 있습니다. 그렇기 때문에 담임목사와 같은 마음을 가지고 그 사역에 임할 수 있어야 합니다.

하나님께서 축복하시는 일이 사역에서 절대적인 성패의 기준이 된다는 사실을 가슴 깊이 깨닫고 간절히 사모할 수 있어야 합니다. 남다른 기도, 뜨거운 사랑, 탁월한 헌신이 그 사람의 특징이 되어야 합니다. 나아가 보다 뛰어난 영적인 실력을 가지고 이 일들에 진보를 나타내야 합니다. 기도의 불길을 유지하는 지혜가 있어야 하며, 보이지 않는 사랑의 실체를 사람들의 눈앞에 드러내어 실천으로 보여주어야 하고, 오랫동안 훈련되어 온 헌신이 이제는 삶의 일부가 되어 나타나야 합니다. 동역자들을 사랑하는 데 있어서도 여러 가지 어려움이 따르겠지만 겸손한 마음으로 연합하는 사역을 이루어 내야 합니다. 여기에서는 여성 교역자들에게 필요한 이상의 내용들을 정리하였습니다.

하나님의 축복

목회자는 거룩한 긴장을 가지고
자신의 사역 위에 하나님의 축복이 넘치는지를 살펴보아야 합니다.
그리고 그 안에서 하나님과의 관계를 깊이 성찰할 수 있어야 합니다.

하나님께서 사랑하시는 목회자

　우선 기억해야 할 것은 사역에는 반드시 하나님의 축복이 필요하다는 점입니다. 하나님의 축복을 받기 위해서는 하나님과의 관계에서 사역을 생각하는 자세가 준비되어 있어야 합니다. 이것은 하나님께서는 사람을 사용하셔서 자신의 뜻을 이루시기 때문에 그 사람이 하나님과 어떤 관계를 맺고 있는지 또한 하나님 앞에 어떤 사람인지가 그 사역의 축복에 절대적으로 중요한 요인이 된다는 의미입니다.

　가끔 예외적으로 하나님께서 사역하는 사람을 기쁘게 여기지 않으심에도 불구하고 그 사역을 축복해 주시는 경우도 있습니다. 이러한 경우는 그 사역자보다도 사역자에게 딸려 있는 영혼들이 소중하기 때문에 그렇게 하시는 것입니다. 그러나 이것은 사역 속에서 일어나는 모든 축복들이 사역자 자신의 영혼과 연결되어 있지 않다는 점에서 개인에게는 비극적인 일입니다.

우리는 단지 일꾼으로서 이 자리에 서 있는 것이 아니라 한 사람의 신자로서 서 있는 것입니다. 그렇기 때문에 하나님과의 관계 속에서 영혼의 복을 누리면서 사역을 감당해 나가야 합니다. 하나님께서는 우리들이 그렇게 일하기를 기뻐하시고 우리 또한 그러한 관계 속에서 철저하게 자신의 사역을 볼 수 있어야 합니다. 그러기 위해서는 목회자 자신이 자신을 향한 하나님의 기대가 무엇인지를 바로 이해해야 합니다.

하나님께서는 지도자를 사용하셔서 자신의 교회를 세워 나가십니다. 하나님께서는 방법에 기름을 부으시는 것이 아니라 사람에게 기름을 부으십니다. 그래서 목회자는 하나님과의 관계에서 사역을 바라보아야 합니다. 이것은 하나님의 마음에 합한 사람이 되는 것이 자신의 사역에 하나님의 축복을 깃들이게 하는 길이라 확신하며 살아가는 것을 의미합니다. 그러므로 목회자는 하나님께 붙들린 사람이 되기 위해 노력해야 합니다.

물론 방법도 매우 중요합니다. 그러나 하나님의 영은 방법이나 제도가 아니라 사람 위에 부어집니다. 하나님께 충만하게 기름부음을 받은 사람은 방법을 사용해서 하나님을 섬깁니다. 방법을 사용하는 것이 하나님께는 중요한 일이 아니지만 하나님께 붙잡힌 사람에게는 매우 중요한 일입니다. 애국심이 그 마음에 활활 불붙는다 할지라도 맨주먹 붉은 피만으로는 장엄하게 순국하는 일밖에

할 수 있는 것이 없습니다. 총이나 칼 같은 무기가 손에 들려 있고 그것을 효과적으로 다룰 수 있는 기술이 있지 않다면 치열한 전투에서 승리할 수 없는 것처럼, 목회자도 아무리 마음이 진실하고 뜨겁다 하더라도 그 마음만으로 사역이 저절로 이루어지는 것은 아닙니다.

우매한 지도자는 그 백성에게 재앙이 됩니다. 그러므로 지도자는 항상 자기에게 지도를 받는 모든 사람들보다 뛰어난 지혜를 달라고 기도하고, 계속 창의적인 생각을 가지고 새로운 방법, 새로운 도전, 새로운 경지들을 개척해 나가면서 사역의 새로운 지경을 넓혀 가야 합니다. 충성스러운 사람은 잘 하는 사람입니다. 세상에서 돈을 벌기 위해서도 끊임없이 연구하며 노력을 하는데 구태의연하게 열매 없는 사역을 하면서도 옛날에 하던 방법을 그대로 답습하며 살아가는 것은 하나님 앞에 충성된 삶이 아닙니다.

그러나 방법을 너무 중요하게 생각해서도 안 됩니다. 교회의 문제와 교구의 어려운 점을 타개해 나가기 위해서 방법을 연구하고 창의적인 계획들을 세우다 보면 자신도 모르게 하나님보다 방법을 의지하게 될 수 있습니다. 그리고 그 방법 속에 자신의 목회 상황을 바꾸는 능력이 있는 것처럼 착각하게 되기도 합니다. 그러나 그것은 잘못된 것입니다.

우리는 그렇게 되지 않기 위해 방법을 끊임없이 고민하면서도 하나님의 마음에 합한 사람이 되고 주님께서 많이 사랑하셔서 어여쁜 존재로 여기실 수 있는 삶을 살아야 합니다. 그렇지 않으면 부지런히 일해도 목회 사역에 축복이 없고, 애를 써서 새로운 방법들로 사역을 해도 하나님께 영광을 돌리지 못한 채 막을 내리게 될 것입니다. 그러므로 우리는 이러한 의식 속에서 방법을 연구하는 사람이 되어야 하며 철저히 하나님과의 관계에서 자신을 볼 수 있어야 합니다.

가장 나쁜 사람들은 하나님께서 자신의 목회지에 거의 축복을 주시지 않는데도 마음이 부유해서 더 이상 노력하지 않는 사람들이고, 두 번째로 나쁜 사람들은 부담만 느낄 뿐 그 상태를 개선하기 위해서 자신이 변하려고 하는 대신 이 사역을 계속해야 되나 말아야 되나 주저주저하는 사람들입니다.

가장 좋은 사람은 그 상황을 개혁할 수 있는 방안을 간구하고, 지혜도 하나님 앞에 구하는 사람입니다. 한편으로 그것은 단지 인간이 고안해 놓은 방법일 뿐이고 하나님의 축복은 자신의 이런 방법론이 아니라 이 방법을 택해서 하나님을 섬기는 자신 위에 부어져야 된다고 믿는 믿음으로 은혜의 보좌 앞에서 몸부림치는 사람인 것입니다.

찰스 피니(1792-1875)는 저와는 신학적인 견해가 판이하게 다른 사람이었지만 이런 면에서 본받을 만한 탁월한 점이 있습니다. 그

▎ 2013년 성탄 축하 공연에서 합창을 하고 있는 교역자들. 권위주의는 사실은 없거나 조금 있을 뿐인 자신의 권위를 다른 사람에게 강요하는 것이다. 진정한 권위는 자신이 드러내지 않아도 남에게 전달되는 '존재의 울림'이다.

는 자신의 사역의 성공을 철저히 하나님과 자신의 개인적 관계 속에서 읽어 보려고 집요하게 노력한 사람이었습니다. 그는 자신의 집회에서 하나님의 은혜가 마른다고 생각되면 쉬는 시간을 사용하여 빈 들에 나가 3-4시간씩 엎드려 하나님께 기도하였습니다. 집회의 동기가 순수한지, 자신에게 죄악이 없는지, 왜 하나님께서 자신의 설교를 통해 회심의 은혜를 주시지 않는지를 깊이 돌아보며 뉘우치고 회개하였습니다. 그는 그러한 과정을 통해 그의 집회 가운데 물 붓듯 부어 주시는 하나님의 은혜를 경험하면서 사역을 감당하였습니다.

이처럼 하나님과의 관계 속에서 자신과 사역을 보기 위해 몸부림치는 목회자에게는 설사 그 사람이 조금 덜 유능하다 할지라도 하나님께서는 반드시 복을 주십니다. 나아가 하나님께서는 그 앞에서 이처럼 안타깝게 매달리는 사역자들을 축복하시되, 동시에 그를 더욱 순결하게 하시고 또한 오직 하나님 한 분만이 사역의 축복을 펼치시는 분이라는 뚜렷한 인식을 더하여 주십니다.

그렇기 때문에 우리는 거룩한 긴장을 가지고 자신의 교구를 능력 있게 통솔해 나가는 면에서 하나님의 축복이 넘치는지를 살펴보며, 그 안에서 하나님과의 관계를 깊이 성찰할 수 있어야 합니다. 하나님께서는 자신 앞에서 날마다 가슴 아파하며 깨어지는 목회자들에게 사역의 축복을 주시는 분이십니다.

목회자를 향한 하나님의 기대

목회자의 인격에 대해

우선 목회자는 자신이 신자로서 어떻게 살아야 할지를 깊이 이해해야 합니다. 신자로서 어떤 사람이 되고 또 어떻게 살아야 할지를 잘 이해하여 하나님 앞에서 자기 자신이 한 사람의 온전한 그리스도인이 되어가는 기쁨과 은혜가 있어야 합니다. 그러기 위해서는 우리 자신에게 '하나님 앞에서 어떻게 참된 신자가 되어갈 것인가?' 라고 하는 진실한 고민이 있어야 합니다.

날마다 '하나님께서 신자인 나에게 요구하시는 본분이 무엇인가?' 하는 고민을 가지고 있지 않으면 우리 자신이 직업적으로 변해가면서도 변화되어 가는 사실조차 모르게 됩니다. 항상 신자로서의 고뇌가 동반되지 않는 사역자는 결국 성취와 성공에 관련된 고민으로 치우치게 됩니다. 그런 점에서 우리 자신은 깊이 각성하고 변화되어 한 사람의 신자로서 좋은 삶을 살도록 노력해야 합니다.

목회자의 직무에 대해

두 번째로 목회자는 자신의 직무에 대한 하나님의 기대가 어떤 것인지를 깊이 이해해야 합니다. 목회자의 직무를 향한 하나님의 기대를 너무 낮게 잡을 때 우리는 목회자의 의무를 태만히 하고 형편없이 사역을 감당해 나가면서도 나 자신이 제법 귀한 사명을 잘 해 나간다고 생각할 위험에 빠질 수 있습니다. 그래서 찰스 스펄전 목사님은 종종 부인에게 리처드 백스터의 『참 목자상』을 읽어 주도록 부탁을 하였습니다. 그 책에 기록된 '참 목자가 하나님 앞에서 어떻게 살아야 하는가'에 대한 내용을 들으며 자기 자신의 직무에 대해서 하나님께서 무엇을 원하시는지 다시 아로새기곤 하였던 것입니다.

매일 목회 사역을 한다는 것과 자기의 직무가 무엇인지를 확연하게 인식하고 있다는 것은 별개의 문제입니다. 일은 일일 뿐이기 때문에 일 속에서 하나님께서 자신을 부르신 소명에 대한 감동이 새로워지지 않으면, 우리가 왜 이 일을 시작했고 왜 목회 사역으로 부르셨는지를 잊어버린 채 하나의 비즈니스를 수행하는 것으로 전락해 버릴 가능성이 있습니다. 그러므로 자신의 직무가 무엇인가를 곰곰이 생각하고, 그 직무대로 살아가는지, 오늘 하루의 삶이 그 직무에 초점이 맞추어져 있는지를 매일매일 점검하고 아로새겨야 합니다.

저는 여러분들이 『자네, 정말 그 길을 가려나』나 『데이비드 브레이너드의 생애와 일기』와 같은 책들을 6개월이나 1년에 한 번씩 정기적으로 읽기를 권하고 싶습니다. 이러한 책들을 읽어 가며 자신의 주관적인 기준이 아니라 객관적으로 하나님의 말씀에 의해서 목회자의 직무에 대한 선명한 인식이 새롭게 다가와야 합니다. 그렇게 될 때에야 우리가 객관적인 표준에 따라 살아가고 있는지를 확연히 분별하게 되는 것입니다.

하나님께서 목회자의 직무에 대해 기대하시는 것은 크게 네 가지로 요약됩니다.

첫 번째는 전도자의 일입니다. 사도 바울이 디모데에게 상기시켰던 것처럼 사역자의 가장 중요한 직무 중 하나는 복음을 전해 믿지 않는 사람들을 믿게 하는 것입니다. 우리는 목회자가 되기 전에 먼저 전도자가 되어야 합니다. 만약 목회자 자신 속에 구령의 열정이 없다면 목회는 깊이 침체될 것입니다. 반면 구령의 열정에 불타서 전도하는 사람들에게는 영혼에 대해 가지게 되는 독특한 감각이 있게 될 것입니다. 그렇기 때문에 가장 중요한 것은 전도자의 삶을 먼저 살아야 한다는 점입니다.

두 번째는 교회에 들어와 있는 영혼들을 회심에 이르게 하는 것입니다. 교회에 들어와 있지만 실질적으로 신자가 아닌 사람들은 그 영혼이 그리스도께 획득되기 전에는 비록 교회에 머물러 있지만 세상 밖에 있는 영혼보다 안전한 것이 아닙니다. 하나님의 입장에서 볼 때 우리의 막중한 책임은 세상 밖에 있는 영혼보다 이미 우리에게 보내 주셔서 슬하에 있음에도 불구하고 하나님께 획득되지 못한 영혼에게 있습니다. 그 영혼들의 회심을 위해 기도하지 않

▌ 장년 여성교구 교역자가 교구실에서 성경공부를 인도하고 있다. 여성 사역은 매우 특수하기에 남성 사역자들의 조수 노릇 하는 정도로는 건강한 교구 사역을 할 수 없다고 생각한다. 여성 사역자도 독립적인 목회 권한을 갖고 소신껏 사역해야 한다. 나는 남성과 여성에 대한 성경적 구별과 질서는 인정하되, 다른 모든 부분에 있어서는 양성이 동등하게 하나님의 형상을 가진 존귀한 존재로 대우받아야 한다고 생각한다.

거나 노력하지 않을 때 목회자가 받게 될 꾸지람은 클 것입니다.

　세 번째는 이미 있는 영혼들을 잘 돌보는 것입니다. 하나님의 말씀과 진리로 잘 가르치는 것이 근간을 이루고 형편에 따라 영혼들을 적절한 말로 위로하고 삶을 바로잡아 주며 책망하고 의로 교육하는 일이 있어야 합니다. 성경이 우리에게 보여주는 그런 기능들을 목회자가 진리의 말씀을 가지고 대행하면서 돌보는 이 모든 과정을 가리켜 우리들은 흔히 목양이라고 합니다. 그 목양의 직무가 바로 우리에게 주어진 세 번째 책임입니다.

　네 번째는 자신이 맡고 있는 교회 혹은 교구의 지도자로서 해야 하는 일들입니다. 목회자는 행정을 담당하고 교회나 교구의 조직을 효율화하고 창조적 아이디어로 성도들의 헌신을 결집시키면서 교회의 본래적인 사명을 위해 기여하도록 해야 합니다. 그러기 위해서는 끊임없이 생각하고 지도력을 발휘해야 합니다. 목회자가 리더십을 발휘할 때 교회나 교구는 탄탄한 모습으로 생명력을 가진 공동체가 되어 뻗어 나가게 됩니다.

오늘날 목회 사역에서 우리는 목회자 자신이 점점 퇴화되어 아주 보잘것없이 초라한 난쟁이 같은 모습으로 남아 있는 것을 보게 됩니다. 전도도 할 수 없고, 회심케 하는 하나님의 능력을 전달해 주는 도구도 되지 못하고, 영혼들의 필요를 지혜롭게 잘 살피는 명민함도 없고, 맡겨진 교회를 슬기롭게 조직하고 또 조직된 것들을 효율화해서 역동적으로 이끌어 갈 수 있는 리더십도 부족합니다. 목회자가 이렇게 될 때 교회 혹은 교구는 그 지도자로 인하여 급속하게 생명력이 감퇴하기 시작합니다. 이것은 모두 목회자가 자신의 직무에 대한 하나님의 기대를 깨닫지 못한 결과입니다.

지금도 하나님께서는 지도자를 사용하셔서 자신의 교회를 세우시고 그 일들을 이루어 가십니다. 그렇기 때문에 우리는 하나님과의 관계에서 자신의 직무가 무엇인가를 깊이 아로새기고, 하나님께서 우리에게 요구하신 기준에 부합하는 삶을 잘 사는지 고민하며 하나님 앞에서 우리 자신을 세워 나가야 합니다.

꺼지지 않는 기도의 불

―

기도는 목회자의 마음에 영적인 감동이 살아 있게 만드는 윤활유와 같습니다. 사역 속에서 일어나는 모든 일들이 기도의 응답이 아닌 것이 없을 정도로 기도의 영역을 넓혀 가며 간절히 기도해야 합니다.

―

영적인 감동과 기도의 관계

조나단 에드워즈(1703-1758)는 『가치가 있는 신앙의 경험』이라는 논문 속에서 "우리에게 정말 중요한 것은 영적인 감동이다."라고 했습니다. 영적인 감동이란 영혼이 활발히 움직여서 우리의 마음과 생각과 의지에까지 영향을 미치는 것입니다. 오늘날과 같은 시대에는 사람들이 깊이 있는 사고에 익숙하지 않습니다. 오히려 가슴을 열고 감동부터 받고 싶어합니다. 이것은 포스트모더니즘 시대를 사는 현대인들의 특징이기도 합니다.

그래서 우리의 목회 사역에는 영적인 감동이 넘쳐야 합니다. 다시 말해 생명력 있는 영적 감동이 말씀 사역 가운데 있어야 한다는 것입니다. 영적인 감동을 받으면 형식적인 신자들도 생명력 있는 그리스도인으로 변화될 수 있고, 하나님을 사랑하지 않던 사람들도 하나님을 뜨겁게 사랑하게 됩니다.

목회자도 마찬가지입니다. 하나님께서 목회자의 영혼을 만져 주셔서 죄에 대한 분노와 뉘우침, 은혜에 대한 사모함, 하나님의 사랑에 대한 경험, 자신의 사역에 하나님의 축복이 임하기를 갈망하는 목마름들이 수시로 목회자의 마음을 누르고 찢으며 또한 터질 듯한 감동으로 가득 채울 때, 목회자는 선포되는 말씀과 영혼을 돌보는 사역 안에 실제적인 지혜와 강한 생명력을 얻게 되는 것입니다.

그러나 반대로 목회자가 눈물이 마르고 하나님의 인정과 주시는 축복에 대한 환희가 없는 상태로 구태의연하게 일을 해 나가고 있을 때, 이미 목회자의 심령 자체는 죽어가고 있는 것입니다.

그런데 이러한 영적인 감동을 유지하기 위해 가장 중요한 것은 기도하는 일입니다. 기도는 목회자의 마음에 영적인 감동이 언제나 살아 있게 만드는 윤활유와 같습니다. 기도 생활이 유지될 때 목회자의 마음은 영적인 감동으로 가득 차게 되고 그렇지 않을 때는 반대로 메마른 들판과 같이 변하게 될 것입니다.

사역자들의 신령한 힘은 은밀한 기도 생활에 있습니다. 사역자들이 하루에 한 번씩 깊고 긴 기도의 헌신을 드릴 수 있다면, 그의 인격과 성품뿐 아니라 목회 상황에도 커다란 변화가 일어날 것입니다. 자기 깨어짐의 가루와 기도의 눈물로 반죽된 하나님의 말씀이 성령의 화로에서 구워져 사랑으로 성도들의 입에 떠어 넣어질 때 어찌 생명의 역사가 일어나지 않겠습니까?

기도 생활을 유지하기 위한 방법들

목회자는 지혜롭게 기도 생활을 유지해 나가야 합니다. 단순히 열심히 해야겠다는 마음만 가지고 기도 생활을 지속해 가는 것은 어려운 일입니다. 그래서 기도에 동기를 불어넣고 또 기도의 환경을 만들어 가는 일들이 필요합니다. 저는 기도에 동기를 불어넣기 위한 하나의 방법으로 경건 서적 읽는 것을 권하고 싶습니다. 목회자는 가방에 언제나 자신의 기도에 불을 지필 책들을 가지고 다니며 수시로 읽어야 합니다.

E. M. 바운즈(1835-1913)의 『기도 전집』이나 앤드루 머리(1828-1917)의 『기도』와 같은 책들을 추천해 주고 싶습니다. 목회자가 기도하는 데 무기력해지고 흥미를 잃게 되고 확신이 없게 될 때 이러한 책들은 다시금 기도해야 하는 동기를 불어넣어 줍니다. 그리고 기도하고자 하는 의지를 갖게 하여 그 가운데 부어 주시는 하나님의 은혜에 깊이 젖어 사역을 감당할 수 있도록 도와줍니다. 기도의 불씨를 유지하는 것은 다른 것들을 다소 희생하더라도 꼭 이루어야 하는 일입니다.

또한 목회자는 기도할 수 있는 여건을 잘 조성해야 합니다. 사역에서 가장 중요한 것들 중 하나가 건강입니다. 목회 사역의 모든 부분이 건강에 영향을 받기 때문입니다. 그중에서도 제일 많이 영향받는 사역이 바로 기도입니다. 기도야말로 엄청난 힘을 요구하기 때문입니다. 사람이 건강하지 않을 때 기도 생활도 함께 힘들어집니다. 사역자가 집중하여 기도하기 좋은 시간은 새벽 시간인데, 새벽에 잠을 자지 않으면 하루를 못 버틸 정도라면 어떻게 기도 생활을 잘해 나갈 수 있겠습니까? 그러므로 건강한 몸과 건강한 수면 습관으로 새벽기도에 몰두할 수 있도록 생활 패턴을 만들어 나가야 합니다.

장년 여성교구 사역에 들어선 여성 사역자들은 단독으로 교회를 개척하지 않는 한 마지막 자리입니다. 그렇기 때문에 사역에서 느끼는 부담감이 담임목사의 자리와 같을 수 있고 또 그런 마음가짐으로 사역에 임해야 합니다. 하지만 그 부담이 너무 커서 수면조차 제대로 취하지 못하고 사역으로 인해 건강을 해쳐서는 안 됩니다. 그렇게 되면 자신의 건강에도 문제를 가져올 수 있으며, 건강한 기도의 생활 또한 함께 무너져 사역 자체에 영적인 생명력을 공급할 수 없는 지경에 이르기 때문입니다.

기도의 범위

현실적으로 담임목사는 한 교회에 속한 모든 영혼을 다 감당할 수 없기에 부교역자들에게 영혼을 위탁합니다. 그러나 부교역자들은 어느 누구에게도 그 영혼들을 위탁할 수가 없습니다. 여성교구에게 맡겨진 영혼들도 여성교구 교역자들의 손이 마지막입니다. 이때 목회자에게 요구되는 가장 커다란 직무 중의 하나는 바로 기도의 눈물로 영혼들의 이름을 적시는 것입니다. 영혼들의 형편과 사정을 살피고 그들의 문제를 정확하게 찾아내어 그들을 위해서 기도해야 합니다. 매일의 사역을 감당해 나가면서 하루에 최소한 50명 이상은 중보기도를 해야 합니다. 그래서 교구 안에서 일어나는 일 중 여러분의 기도의 사정권 안에 들어오지 않는 문제는 거의 없어야 합니다.

이처럼 기도하는 가운데 사역을 해 나가는 사람과 그렇지 않은 사람은 각자가 맡은 교구에 발생하는 어려운 일이나 기쁜 일을 대하는 태도가 다를 수밖에 없습니다. 어느 집에서 누가 교회에 나와 구원을 얻었다는 소식이 들릴 때, "아멘, 하나님께서 오랫동안 기도해 온 저의 기도에 응답해 주셨습니다."라는 고백이 나오는 것이 정상적인 사역입니다. 교구에서 발생한 이런 일들이 의외의 일이라고 생각하게 되는 것은 기도의 사정권 안에 교구 식구들이 들어오지 않았다는 것을 보여줍니다.

저는 사역의 경험을 통해 완고한 영혼들의 복된 영적 변화는 그 영혼을 사랑하는 목회자의 열렬한 기도에서 온다는 사실을 무수히 확인하였습니다. 어떤 목회자는 열심을 내어 갖가지 방법을 다 사용하고 발이 부르트도록 사역을 하는데도 이상하게 영혼들이 변화가 없고, 아직 변화되지 못한 영혼들이 계속해서 빠져나가고, 이제는 믿을 만하다고 생각했던 영혼들이 마음을 아프게 하고 실망시키는 일을 겪습니다. 그럴 때마다 그것을 극복할 수 있는 길은 하나님 앞에 간절히 매달려 기도하는 것입니다. 하나님께서는 이런 일들을 통해 우리에게 기도하라는 사인을 계속해서 보내십니다. 그럴 때 차라리 일찌감치 하루의 사역을 마무리하고 단 1주간이라도 매일 밤마다 1시간씩 매달려 하나님 앞에 간절히 기도해야 합니다. 저는 청년 사역을 하던 때 별도의 시간을 떼어 간절히 기도하는 중 그렇게 변화되지 않던 영혼들의 마음이 깊이 변화되면서 하나님의 은혜를 사모하는 모습으로 바뀌는 것을 보았습니다. 이것이 바로 기도가 가지고 있는 강력한 힘입니다.

　목회자는 이렇게 강력한 기도가 자신의 사역에 속한 모든 영혼들 안에 스며들 수 있도록 그 기도의 영역을 넓혀 가야 합니다. 그래서 모든 사역 속에서 일어나는 일들이 기도의 응답이 아닌 것이 없는 것처럼 여겨져야 합니다. 기도의 제목을 좁히면 좁힐수록 기도할 제목이 없어지고, 넓히면 넓힐수록 많아져서 기도의 제목이 마르지 않게 됩니다. 이것이 기도의 원리입니다. 맡겨진 영혼들의 수가 비록 그리 많지 않게 보인다 할지라도 실제로 중보해야 할 영혼들이 그 숫자보다 비교가 되지 않을 정도로 많다는 사실을 알아야 합니다. 자신이 맡은 부서의 동역자들, 그 안에 속한 영혼들뿐 아니라 그들에게 딸린 가족, 그들에게 영향을 미치고 또 그들에게 영향을 받는 사람들까지 포함하면 기도의 외연은 넓어져 갈 수밖에 없습니다.

그 모든 영혼들을 위해 기도해 나갈 때 그들의 상태에 대해 하나님께서 말씀하시는 것을 깊이 경험하고, 그들이 고민하고 아파하는 문제에 대해 하나님의 음성을 들을 정도까지 기도하는 사람들이 되어야 합니다. 하나님께서는 목회자를 세움으로 받으시지만 사역에서 화해를 이루시는 경우가 있습니다. 그때에는 다른 방법이 없습니다. 오직 목회자 자신이 하나님 앞에 매달려야 합니다.

어떤 때는 구역장들에게 기도를 시키는 것이 유효할 때가 있고, 또 양떼들에게 기도를 시키고, 기도의 표를 만들고, 기도회를 조성하고, 기도 계획을 짜서 매달리게 함으로써 사역에 힘을 받게 하는 경우도 있습니다. 그러나 때로는 무엇을 하더라도 안 되는 경우가 있습니다. 이때 목회자는 하나님께서 목회자 자신을 원하신다는 것을 기억해야 합니다. 목회자가 하나님 앞에 진정으로 엎드려 매달려 기도할 때 하나님께서는 다시금 그 사역 속에 축복을 열어 주십니다.

영혼을 향한 사랑

―

하나님 앞에서 영혼들을 깊이 사랑하는 것은
기본적으로 목회자의 심성에 꼭 있어야 할 자질입니다.
그러한 사랑의 마음을 가질 때
목회자는 영혼들의 필요에 진지한 관심을 기울이게 됩니다.

―

한없이 사랑하라

세 번째는 교구 식구들을 무한히 사랑하는 것입니다. 교인들은 신앙이 성숙할수록 목회자를 덜 의지하게 됩니다. 왜냐하면 신앙이 성숙한 사람일수록 자기 스스로 하나님 앞에서 기도하고 말씀의 빛을 받으며 살아가기 때문입니다. 이런 교인들은 오히려 자신의 삶의 무게를 감당할 뿐 아니라 지체들의 영혼을 세워 가기 위해 봉사하는 데까지 이르기도 합니다.

그럼에도 불구하고 목회자는 양떼는 양떼일 뿐이라는 사실을 기억해야 합니다. 교인을 너무 대단한 존재로 보면 안 됩니다. 아무리 목회자를 통해 은혜를 많이 받고 변화되어 든든한 동역자로 세워졌다 하더라도 그들에게서 무한한 섬김과 희생이 쏟아져 나올 수 있다고 하는 것은 여러분의 양떼를 너무 과대평가하는 것입니다. 신앙이 성숙해져 가던 지체이지만 목회자의 마음을 아프게 하고 목양의 관계를 깨뜨릴 수도 있습니다. 진리에 대한 인식도 있고, 하나님을 향해 헌신되어 있고, 충성하는 사람들이 함께 모여 하나님의 교회를 섬길 때, 그것을 허무는 사단의 고전적인 방식이 바로 교회를 향한 열심이 특별한 사람들의 마음을 갈라지게 하고 화합을 깨뜨리는 것입니다.

그때 목회자 자신이 아주 아름다운 모범을 보여야 합니다. 어떠한 경우에도 자신은 교인과 서로 다투거나 맞설 사이가 아니라고 여겨야 합니다. 목회자가 교인들의 잘못을 용서하면 사단의 역사가 끝나지만 교인들을 향해서 악한 마음을 품고 반응하기 시작하면 사단이 역사하게 됩니다. 만약 그렇게 되어 목회자가 교인들이나 구역장들에 대해 꼬이거나 휜 마음을 갖게 된다면 더 이상 목회에 축복이 없습니다.

물론 목회자도 사람이기 때문에 자기의 목양을 잘 받고 말씀의 은혜를 받고 자신을 목자로서 인정해 주는 사람들이 사랑스럽습니다. 변화되지 않은 채 흠을 잡고 대드는 사람들이 마냥 좋을 수는 없습니다. 밥을 먹더라도 전자의 사람들하고 먹으면 속이 편하지만 후자의 사람들하고 먹으면 영 마음이 부담스럽고 모든 것이 원만하지가 않습니다. 하지만 목회자는 그렇게 하면 안 됩니다. 그렇게 되면 그 목회에 하나님의 축복이 없습니다.

목회자가 참으로 진실하고 진리를 사랑하는 사람임에도 불구하고 목회가 잘 되지 않는 사람이 있고, 그런 것이 다소 부족해도 주변에 사람들이 많이 모이는 목회자가 있습니다. 그 차이는 하나님께서 신앙 안에서 사람을 용납하는 따뜻한 마음의 여부를 보시고 그 사역을 축복하느냐 그렇지 않느냐에 달려 있습니다. 목회자가 교구 식구들을 사랑하고 용납할 때 하나님의 사랑이 흘러가 그 사역이 축복을 받게 되고, 반대로 악한 마음으로 배척하고 거리낄 때 하나님의 사랑이 마르게 되어 그 사역에 축복이 없는 것입니다.

목회는 그 목표가 인간의 영혼을 참다운 모습으로 변화시킴으로 하나님과의 새로운 관계를 수립하여 신실한 신사가 되어가도록 만

■ 교회 본관과 별관 사이에 나 있는 긴 통로의 밤 풍경. 나는 이 길을 참 좋아한다. 교회 한 가운데에 큰길을 내어 교회 주변 업무 시설의 직원들이 출퇴근할 때 지나다닐 수 있게 했다. 그들이 오가며 교회 마당을 밟는 것도 선교의 시작이라고 믿기에 그들이 버리는 담배 꽁초와 가래침을 치우는 수고도 우리에겐 불평거리가 되지 않는다.

드는 것이지 사람들을 모아 주변에 달고 다니는 데 있지 않습니다. 하지만 목회자는 모든 사람과 화평하기를 힘쓰고 하나님의 마음으로 품어야 하는 것입니다.

사랑은 은혜를 통해서 옴

18세기 영국의 조지 휘트필드(1714-1770)는 날마다 자신의 생활을 점검하는 가운데 "오늘 하루도 나는 붙임성 있게 말하고 행동하였는가?"라고 스스로에게 질문을 던졌습니다. 여기에서 말하는 붙임성이란 자신이 장엄한 진리를 소유하고 있지만 근엄한 사람이 아닌 주변의 사람들이 친밀하게 다가와 접촉할 수 있도록 따뜻한 인격적인 분위기를 유지하며 살아가는 것을 의미합니다. 그는 그렇게 매일 사람들에게 친절하고 성품적으로 붙임성이 있어 사람들이 늘 깃드는 목회자가 되기 위해 애를 썼던 것입니다.

목회자가 사람을 변화시킬 어떤 메시지를 가지고 있으며, 동시에 신앙의 인격을 가졌다면 그는 목회할 때 우위를 차지하게 될 것입니다. 하지만 반대로 목회자 자신의 성품에 모가 나서 붙임성이 없고 퉁명스러워 가까이 다가갈 수 없는 존재가 된다면, 이것은 목회자가 고쳐야 할 존재적인 패역이며 목회에서도 성공적인 사역을 할 수 없을 것입니다. 예수님께서는 여기에서 한 걸음 더 나아가셨습니다. 예수님께서 제자들을 파송하실 때 무리를 보시고 민망히 여기셨는데 그 마음은 바로 사랑의 마음이었습니다. 이는 불쌍한 자를 불쌍하게 볼 줄 알고 고통받는 자들로 인해 아파할 수 있는 마음이었습니다. 그렇기 때문에 예수님께서는 비록 그 사람이 죄인이라 할지라도 관계를 맺으시고 용서하시고 복음으로 그를 변화시키셨습니다.

목회자는 예수님처럼 영혼들이 죄를 지었을 때 그 죄를 직시하면서도 동시에 죄 가운데 고통받는 영혼들의 아픔을 함께 헤아리고 죄인의 편에 서서 하나님께 은혜를 구하도록 부름을 받은 사람들입니다. 그래서 죄는 미워하지만 죄인은 깊이 사랑하며 목회 사역을 감당해 나가야 합니다. 그러기 위해 반드시 목회자는 하나님의 은혜로 충만해져야 합니다.

하나님의 사랑을 많이 받는 목회자가 교인을 더욱 사랑합니다. 자식을 낳아도 부모로부터 사랑을 많이 받은 부모가 자식을 사랑하지 부모로부터 사랑을 받아 보지 못한 사람들은 자식을 사랑할 줄 모릅니다. 마찬가지로 목양의 관계에서도 영혼을 사랑하고 긍휼히 여기는 마음을 갖기 위해서는 자기와 같이 아무 쓸모없는 인간이라도 품어 주시는 하나님의 사랑을 깊숙이 경험해야 합니다. 자신을 고아와 같이 버려두지 아니하시고 시시때때로 위로해 주시며 자신의 영혼을 어루만지시고 기도에 응답해 주시는 개인적인

▎목회는 하나님께서 최초의 인류를 창조하실 때 품으셨던 의도를 실현해 드리는 것이다. "이는 내 뼈 중의 뼈요 살 중의 살이라"라는 고백이 완성되는 나라가 바로 하나님의 나라라면, 교회는 그 아름다운 사랑의 관계를 이 세상에 보여주도록 부름받은 기관이다.

영적 경험이 풍성할 때 목회자는 하나님의 사랑 안에서 살게 되는 것입니다.

때로는 교인들이 목회자의 마음을 아프게 하는 때가 있다 하더라도 그 아픈 마음과 감정들을 추스르며, 영혼들이 고통스러워하면 같이 아파하고 어려움이 닥쳤을 때 찾아가 위로하며 함께 울 수 있는 것은 하나님의 사랑의 감격 안에 살아가기 때문입니다. 하나님께서 목회자와의 관계 안에서 부어 주시는 영적인 풍요함이 있을 때 비로소 하나님과의 관계 속에서 사역을 보살피는 것도 가능해지고, 기도로 살아가는 것도 가능해지고, 사랑할 수 없는 교인들을 사랑하는 것도 가능해지는 것입니다.

실천적인 사랑

한 사람의 목회자가 가진 교인에 대한 사랑의 깊이는 교인에게 기쁜 일이 있을 때나 어려운 일을 당했을 때 혹은 교인이 영적으로 축복을 받았을 때나 영적인 어려움에 처했을 때 잘 나타납니다. 목회자는 자신이 목양하는 영혼이 잘 되고 하나님의 은혜 안에 있을 때에는 그를 바라보며 기뻐할 수 있어야 하며, 영혼이 고통과 괴로움으로 인해 영적인 침체에 빠져 있을 때에는 그를 긍휼히 여기고 그의 고통에 동참해야 합니다. 교구의 지체들이 부모를 여의고 어른임에도 불구하고 어떤 의미에서 고아가 되었을 때나 혹은 사랑하는 남편을 잃게 되어 큰 슬픔 가운데 놓여 있을 때에는 함께 가슴이 아파야 합니다.

저는 상을 당한 가정에 심방을 갈 때면 남아 있는 교구의 가족을 생각하며 깊이 그들의 슬픔과 아픔에 동참할 수 있는 마음을 구했습니다. 사람마다 감정이 풍부한 사람들이 있고, 덜한 사람도 있지만 자신 교구의 가족이 아버지나 어머니를 잃었을 때 목자는 마음에 슬픔을 느끼고 눈에서는 눈물이 흘러야 합니다. 때론 물리적으로 그 사람들을 건져 낼 수 없는 때도 있지만 그때마다 우리에게 필요한 것은 하나님 앞에서 그 영혼들을 깊이 사랑하는 것입니다. 이것이야말로 기본적으로 목회자의 심성에 꼭 있어야 할 것들입니다. 그러한 사랑의 마음을 가졌을 때 목회자는 영혼들의 필요에 진지한 관심을 기울이게 됩니다.

저에게는 연말이 다가올 때마다 가슴이 아리도록 생각나는 사람들이 있습니다. 아빠가 없는 집의 아이들입니다. 아빠가 있는 집 아이들은 데리고 나가서 크리스마스 때 선물도 사 주고, 그렇지 않더라도 온 가족이 외식을 하고, 혹 형편이 되지 않는다면 입맞춤이라도 해주고 그럴 것입니다. 하지만 그런 아빠가 없는 아이들은 얼마나 가엽습니까! 또 아이들의 아빠를 잃어버린 그 아내 역시 마찬가지입니다.

더구나 그러한 아이들과 엄마가 내 교구의 가족일 때 목회자는 그들을 생각하지 않을 수 없을 것입니다. 남편을 잃은 지 1주기가 되었을 때 조용히 그 아내에게 편지를 써서 보내는 것입니다. "당신의 남편을 하나님께서 데려가셨지만, 지난 1년간 당신은 정말 꿋꿋하게 잘 살아냈습니다. 당신에게는 여전히 변함없이 하나님의 은혜가 있습니다. 하나님을 의지하며 살기를 바랍니다. 저는 비록 부족하지만 항상 당신 가까이에서 당신을 위해 기도하겠습니다." 그러면서 아이들에게는 작은 선물을 보냅니다. 아빠가 살아 계셨다면 안겨 주었을 선물, 아빠가 아니면 줄 수 없는 그런 선물들을 사서 정성껏 포장해 주는 것입니다.

초상이 난 당시에는 교회가 상을 치러 주어 사람들도 많이 찾아가고 예배도 함께 드리지만 1년이 지난 후 그 마음을 위로하는 사람들은 그리 많지 않습니다. 이런 섬김들은 사랑하는 마음이 있을 때 나타나는 것이며, 신기하게도 사랑의 마음이 있으면 놀라운 지혜들이 생겨나 더욱 이런 섬김들을 잘 감당하게 됩니다. 목회자는 떠나 보낸 사람들은 모두 하나님께서 데려가신 것이지만 남아 있는 가족은 우리와 함께 있다는 사실을 기억하며 이런 섬김을 감당해야 합니다.

자기를 다 쏟아붓는 헌신

목회자는 무한대의 헌신과 무한대의 자기 희생에 대해
언제든지 준비가 되어 있어야 합니다.
자신을 다 드리며 헌신적으로 사는 사람들은
하나님 앞에서 무엇인가를 구할 때 담대함을 가지고 있습니다.
그리고 하나님께서는 그 담대한 기도에 응답하셔서
그의 사역에 한없는 축복을 더해 주십니다.

나를 다 태워 드립니다

네 번째는 자신을 다 태워 드리는 헌신입니다. 세단에 올려진 제물들이 모두 태워져 향기가 하나님 앞에 올라갈 때 비로소 하나님께서 그 제사를 받으시는 것처럼, 자기를 다 쏟아붓는 사역이 아니면 결코 그 사역이 하나님의 축복을 받을 수 없고, 자기를 다 쏟아붓는 열심을 가지고 섬겨 온 섬김이 아니면 자신의 생애에 별로 남는 것이 없습니다.

사람들과 어울려 놀고 쉽게 지내온 날들은 사역이든 신앙생활이든 교제이든 심지어 공부라 할지라도 남는 것이 하나도 없습니다. 하지만 주님을 전심으로 섬기고 자기를 쏟아붓는 헌신 속에서 살아온 날들은 반드시 남는 것이 있습니다. 하나님께서는 우리가 좀 부족하다 할지라도 남김없이 우리 자신을 드리려고 할 때 그 헌신을 사용하셔서 역사하십니다.

열린교회의 부교역자들 중 유독 기억이 나는 한 사람이 있습니

나는 10여 년 전부터 '담임목사와 함께하는 어린이 회심 집회'를 매년 한 번씩 정기적으로 열고 있다. 회심한 아이들은 예배 태도부터 다르다. 목회의 꽃이 회심자를 얻는 것이라면, 그 열매는 존재의 울림이 있는 거룩한 성도를 얻는 것이다.

다. 다른 교역자들도 모두 헌신적으로 일했지만 특별히 그 교역자는 더욱 헌신적인 사람이었습니다. 처음에는 그가 얼마나 헌신적인 사역자인지 알지 못한 채 교회학교 교역자로 세웠습니다. 그런데 지켜보니 대개의 경우 거쳐 가는 곳이라고 생각하는 유치부, 유년부에서 정말 힘에 지나도록 수고하면서 헌신적으로 섬기는 것이었습니다. 부부가 함께 나와 오후 내내 전도하고 심방하면서 사역을 감당하였습니다. 그러자 30여 명이었던 부서의 아이들이 불과 2년이 지나기도 전에 80여 명으로 늘어났고, 심지어 유치부 아이들이 전도사의 설교를 들으며 은혜를 받고 회심하는 일이 일어났습니다.

하나님께서는 자신이 맡겨 주신 사명을 완수하기 위해서 무엇이든지 하나님 앞에 바칠 각오가 되어 있는 사람들을 찾고 계십니다. 비록 능력이 조금 부족하더라도 자기를 드려서 혼신의 힘을 다 들이는 사역자들을 보면 제 마음에도 감동이 찾아옵니다. 하나님께서도 이런 사람들의 사역을 보시고 그 사역을 사용하시리라는 것은 틀림없는 사실입니다.

헌신에 준비된 삶

목회자가 자신의 건강, 자신의 물질, 심지어 자기 자신을 다 주어 영혼들을 얻을 수 있다면 얼마나 좋을까요? 자신을 다 내주어 영혼들이 하나님께로 돌아오고 그 영혼들이 하나님 앞에 세워질 수만 있다면 얼마나 행복할까요? 이런 꿈을 꾸면서 사는 사람이 바로 목회자입니다. 그렇기 때문에 목회자는 무한대의 헌신과 무한대의 자기 희생에 대해 언제든지 준비가 되어 있어야 합니다.

저는 가시고기의 예화를 자주 이야기합니다. 가시고기는 알을 지키기 위해 다른 물고기들과의 싸움도 주저하지 않고, 산소를 공급하기 위해 알을 부지런히 옮겨 가며 아무것도 먹지도 않은 채 알을 보호하다가 부화할 무렵 둥지 곁에서 죽음을 맞이하여 자신의 살까지 새끼의 생명을 위해 내놓습니다. 모든 것을 다 주는 가시고기와 같이 그렇게 모든 것을 헌신하여 사는 사람이 바로 목회자입니다. 하나님의 사랑이 그 안에 역사하고 주님의 섬김이 그의 마음을 계속 뒤흔들어서 이렇게 주님을 섬기고 살아가는 것이 너무 기쁘고 행복하다는 확신을 하나님께서 주시므로 목회자는 열심히 살아갈 수 있습니다. 그러므로 목회자는 언제나 헌신에 열려진 가운데 살아가야 합니다.

설교하러 내려간 지방에서, 교회에서 멀리 떨어져 사는 목회자를 만난 적이 있습니다. 그 목회자 하는 말이 자신은 교회에서 멀리 떨어져 살 뿐 아니라 절대 자신의 집을 교인들에게 개방하지 않는다고 합니다. 그 이유는 교인들로부터 가정을 보호해야 하기 때문이라고 합니다. 그러한 목회자의 말에는 배경이 있었습니다. 상식 없는 교인들이 사택을 드나들면서 쓸데없이 오해를 많이 불러일으키며 목사님의 마음을 아프게 하였던 것입니다.

우리는 그런 일이 일어날 수 있고 또 목회자가 그렇게 결정한 것이 목회를 위해 필요할 수도 있다는 사실을 인정합니다. 어차피 그것은 진리의 문제가 아니라 목회자의 삶의 방식의 문제이기 때문입니다. 다만 우리는 교인들과 함께 영적인 공동체를 이루어 갈 때 상처받을 것을 너무 두려워한 나머지 마음 깊이 서로를 사랑하는

▌ 어린이 회심 집회에서 설교 후 아이들을 위해 기도해 주고 있다. 청교도들은 "회심이 없는 도덕 교육은 잘 길들여진 짐승으로 만드는 것"이라 말했다. 나는 매년 정기적으로 자녀의 회심에 대한 부모의 책임을 강력히 촉구하는 설교를 한다.

일을 두려워해서는 안 된다는 사실을 기억해야 합니다.

『목회자의 아내가 살아야 교회가 산다』에서 썼던 예도 있습니다. 한국 교회의 유수한 어느 목사님의 사모님이 외화를 밀반출하려다가 구속이 되었습니다. 밀반출하려던 외화는 당시 금액으로 1억 원이 훌쩍 넘는 돈이었습니다. 이 사건 때문에 교회 안에 많은 문제가 발생하게 되었습니다.

당시 그 소용돌이 속에서 시험을 받았던 한 교인의 말을 들어 보니 사모님이 외화를 밀반출한 그것 자체는 문제삼고 싶지 않다고 합니다. 비록 실정법에서는 문제가 되지만 자식이 얼마나 도움이 필요했으면 그렇게까지 해서 보내려고 했겠느냐라고 합니다. 외국에 사는 자식에게 돈이 필요했다면 부모의 마음에 자기라도 그럴 수 있었을 것이라고 합니다.

문제가 되었던 것은 목사님과 사모님이 평소 공식석상에서 늘 해 왔던 말씀 때문이었습니다. "우리는 교회에 다 바쳐서 아무것도 가진 것이 없습니다."라는 말을 수없이 반복해 왔는데 실제로는 전혀 그렇지 않았던 것입니다. 교인들이 평소 존경하는 연로하신 목사님 내외분의 노후는 자신들이 책임져야 한다고 생각했었는데 그 사건으로 인해 교회가 큰 배신감을 느꼈다고 합니다.

열린교회에서는 목회자의 생활에 대한 문제로 고민 끝에 교회의 정책을 한번 바꾼 일이 있습니다. 이전에는 퇴직금을 적립하는 형식이었는데 이것을 중단하고 큰 보험을 하나씩 들게 하였습니다. 사역자들이 갑작스레 어려움을 당하게 되면 목회자 본인도 어렵지만 목회자의 가족들은 더 참담합니다. 담임목사는 그래도 좀 나은 편입니다. 그러나 부목사나 전도사로 있다가 힘든 일이 생기거나 심지어 목숨을 잃게 되면 그 가정은 너무 불쌍해지는 것입니다. 그래서 퇴직금 실수령액이 조금 적어지더라도 보험을 들어 오랜 후에는 적립금도 타게 하고 어려움이 생길 때는 도움도 받을 수 있도록 정책을 변경했습니다. 저는 이러한 실질적인 노력늘이 교회 안에서 목회자들을 위해 제도적으로 필요하다고 생각합니다.

그렇지만 목회자들은 그런 일에 너무 과도하게 염려하는 사람들이 되어서는 안 됩니다. 목회자가 하나님 앞에 목회의 소명을 받고 이 길로 들어섰을 때에는 가족들 역시 목회자의 가족으로 함께 부르신 것입니다.

목회자는 이것을 자신의 가족들에게 가르치고 일깨워 줘서 부분적으로나마 그 부르심에 동참하도록 해야 합니다. 하나님의 부르심 앞에 온 가족이 함께 나와 모든 것을 맡기며 오로지 하나님만을 의지하면서 살아가야 합니다. 많은 재산이나 크게 모아 놓은 재물 없이 일평생 하나님과 성도들을 사랑하고 섬기며 노후를 비롯한 모든 생애를 주님 앞에 의탁하며 사는 것이 바로 목회자의 인생의 면류관이 되어야 합니다.

구김 없는 마음으로

헌신의 삶은 일생 동안 나타난 최종 결과로 규정되는 것이 아니라 매일매일의 삶에서 되풀이되어 나타나는 것입니다. 매일의 삶에서 더 많이 영혼을 위해 허비하지 못한 것으로 인해 아파하고 더 많이 하나님을 위해 희생하지 않는 것을 아파하고 섬기며 살아가는 것입니다.

한 교회를 개척하여 45년이 넘게 목회해 오신 어느 장로교 목사님은 목회자들의 사례비와 관련하여 제게 다음과 같은 이야기를 해주셨습니다. 매년 자신이 목회하는 교회의 교역자 사례비가 책정될 때마다 목사님은 동역자들에게 이렇게 말씀해 주셨다고 하셨습니다. "자, 올해도 생활비가 다 책정이 되었습니다. 여러분과 일일이 의논해서 생활비를 책정하지는 못하기에 다소 흡족하지 못한 분들도 계실 수 있을 것입니다. 그러나 이것만은 꼭 기억해 주십시오. 생활비를 받으면서 마음속으로 많이 오르지 않은 것 때문에 속상하고 섭섭한 생각이 들고 넉넉하게 사례금을 받는 다른 교회 사역자와 비교 의식이 생긴다면 그 해에는 사역의 축복을 기대해서는 안 됩니다."

이것은 어려움과 가난과 더불어 분투하며 살아오는 동안 그분이 체험적으로 터득한 진리입니다. 단지 교회의 정책에 순응하고 불평하지 말라는 것이 아니라 사역자가 하나님을 온전히 의뢰하지 못할 때에 그 사역의 축복이 없다는 것을 가르쳐 주고 계신 것입니다. 무려 7년의 세월 동안 굶주림과 싸우며 교회를 일구어 놓은 그분의 인생의 무게가 느껴지는 진리입니다. 그분은 경험으로 알았습니다. 사역을 통해 하나님께서 부어 주시는 영혼의 축복을 누리는 사역자들은 결코 계산적이지 않다는 것을 말입니다.

반대로 계산적으로 생각하고 사역하는 사람들은 축복을 누리지 못합니다. 더구나 "무릇 있는 자는 받아 넉넉하게 되되 없는 자는 그 있는 것도 빼앗기리라"(마 13:12)는 말씀처럼 헌신하는 자의 삶은 하나님의 마음을 감동시켜 더욱 풍요로워지는 반면 그렇지 않은 자의 헌신은 더욱 빈곤해지는 것을 볼 수 있습니다.

목회 사역에 축복이 없고 마음이 황폐해진 사람들은 자신의 사역이 잘 되지 않는 이유를 교회의 후원 부족이나 주위 사람들의 무관심 등으로 외연을 확대시키며 찾는 경향이 있습니다. 목회 사역에 어려움이 찾아올 때 그 역경 속에서 하나님과의 관계를 돌아보는 대신 자신이 처한 환경만을 탓하는 것입니다. 모든 역경을 십자가로 여기고 그것을 짊어지고 나가려는 신앙적인 자세를 잃어버리고 불평할 때 목회자의 마음은 점점 더 공허해지고 사역 또한 더욱 빈곤해집니다.

언젠가 교회학교에서 사역하던 한 교역자는 자신이 맡은 어린이

들의 가정이 사방에 흩어져 있는데 자신은 자가용이 없어 하루 종일 돌아다녀 봤자 두세 집밖에 심방하지 못하는 상황이라고 보고했습니다. 그의 이야기의 핵심은 차가 없어 심방을 못하고 있으니 심방을 할 수 있게 차를 지원해 달라는 것이었습니다.

제가 물었습니다. "그래서 그대는 그 동안 하루에 두세 가정씩이라도 꾸준히 심방했습니까? 그렇게 불편한 것이 일상적인 삶이 될 정도로 시내버스와 지하철을 타고 또 마을버스로 갈아타면서, 급할 때는 사례비를 털어 택시를 타고 다니면서 최선을 다해 심방하려고 애를 써 보았습니까?"

만약 그가 그저 "차가 있었다면 한 주에 50-60가정을 심방했을 텐데, 대중교통을 이용해서 심방하느라 한 주에 스무 가정밖에 못하고 있습니다."라고 했다면 하나님께서 얼마나 기뻐하셨겠습니까? 그 사역자는 상황을 탓하느라 정작 자신이 할 수 있는 일에 대해서조차 최선을 다하지 않고 있었습니다.

반면 제가 알던 또 다른 전도사 한 사람은 이와 반대의 경우였습니다. 어느 교회의 교구를 맡게 되었는데 얼마나 열심히 섬기는지 교구 식구들이 입을 모아 그런 전도사님은 처음이라고 이야기를 했습니다. 그 전도사님은 차가 없었음에도 불구하고 할 수 있는 한 집집마다 찾아가 심방하고 구역 예배를 인도하면서 교구 식구들을 섬겼습니다. 그런 전도사님을 보고 교구 식구들이 합심하여 교회에서도 사 주지 못한 차를 사 주게 되었습니다. 후에 그 전도사님은 받은 차로 더욱더 열심히 교구를 섬겼습니다.

이렇듯 하나님께서는 헌신하고자 하는 자에게 헌신할 수 있도록 도와주십니다. 전심으로 하나님을 사랑해서 괴로우나 즐거우나 영혼을 섬기고 싶어하고 영혼과 함께 울고자 하는 사역자들에게는 하나님께서 아끼시는 것이 없습니다.

그렇기 때문에 자신을 다 드리며 헌신적으로 사는 사람들은 하나님 앞에서 무엇인가를 구할 때 담대함을 가지고 있습니다. 그리고 하나님께서는 그 담대한 기도에 응답하셔서 사역에 한없는 축복을 더해 주십니다. 그래서 주님을 위해 자신을 다 버린 목회자는 하루하루의 삶이 아름다운 간증의 생활입니다.

동역자들에 대한 사랑

사역은 자존심을 세우는 경쟁이 아니라
하나님을 더 잘 섬기려는 경쟁입니다.
끊임없이 배우고 노력하되 독단적으로 열심히 밀어붙이는 것이 아니라
동료들과 함께 해 나가야 합니다.

여성교구 사역자와의 관계

다섯 번째는 동역자 간의 사랑입니다. 사역자는 그 인품을 동료들에게 인정받아야 합니다. 지체들을 보면 나이든 어른들에게나 후배들에게는 인정을 받지만 동료들에게 평가가 좋지 않은 사람들이 있습니다. 그러한 사람들은 동료들과의 관계에서 겸손함을 잃어버린 경우가 많습니다. 때로 소신껏 사역을 하다 보면 아집에 사로잡힐 수가 있습니다. 자기밖에 모르고, 자기 중심적이고, 자신의 사역이 다른 사람에 비해 월등하다고 느끼기 시작한다면 아집에 사로잡히게 되는 것입니다. 그런 사람들을 동료들은 인정해 주지 않습니다.

그러나 기억해야 할 것은 사역의 모든 면에서 절대적인 우위에 있는 사람들은 그리 많지 않다는 점입니다. 어떤 사람은 심방을 잘 하는가 하면, 어떤 사람은 성경을 잘 가르치고, 어떤 사람은 사교적인 성품이 뛰어나 친화력이 있고, 어떤 사람은 교인들의 영적인 상태를 칼같이 해부해 내는 예리함이 있습니다. 동료들이 잘하는 부분에 대해 겸손하게 인정하고 또 그것을 존중하며 배우려는 자세를 잃어버리지 않을 때 동료들 또한 자신을 인정합니다.

사역은 자존심을 세우는 경쟁이 아니라 하나님을 더 잘 섬기려는 경쟁입니다. 끊임없이 배우고 노력하되 동료들과 함께 해 나가야 합니다. 또한 동료들의 허물은 자신의 장점으로 덮어 주고 어려운 점은 기도해 주며 그리스도의 사랑으로 진실히 서로를 대해 하나됨을 이루며 살아가야 합니다.

남성교구 사역자와의 관계

열린교회의 경우, 여성교구의 사역은 대체로 여성 교역자가 독립적으로 감당하는 사역입니다. 그러나 부분적으로는 다른 교회들처럼 남성교구의 목회자들과 같이하는 사역입니다.

공감을 중시하고 관계성에 대한 욕구가 큰 여성의 영혼을 목양하는 일은 남성 사역자가 주도하고 여성 사역자는 보조적인 역할만 수행하는 구조로는 무리가 있다고 생각하기에, 여성 사역자가 독립적 권한을 갖고 소신껏 사역할 수 있도록 하고 있습니다. 하지만 여성교구에 속한 영혼들의 실제적인 삶의 고민과 문제들은 대부분 부부 관계를 기반으로 하고 있으며, 가정이라는 울타리를 배제한 채 다룰 수 없는 것들이기 때문에 남성교구 목회자들과 팀을 이뤄 사역하는 것이 꼭 필요합니다.

그런데 교구 사역이 사역의 종착점인 경우가 많은 여성 교역자들에 비해 남성 교역자들은 전입과 전출이 빈번합니다. 따라서 여성 교구 사역자들이 남성교구 사역자들보다 경험적으로 더 우위에 있는 경우도 많습니다. 그렇다 할지라도 항상 겸손하게 목사를 섬기고 보필해서 교구 사역 전체를 세워 가야 합니다. 그래서 목사들이 자존감을 잃지 않고 주도적인 자세로 사역에 임할 수 있도록, 여성 사역자들과 함께 사역하는 것을 통해 섬세한 돌봄과 영혼을 섬기는 데 필요한 총명이 무엇인지 알아가도록 도와야 합니다.

남성교구 사역자들이 여성교구 사역자들과 함께할 때 영혼들을 돌보는 보람을 더 많이 누리고, 다른 한편으로는 더 든든한 마음으로 섬길 수 있도록 하나님 앞에서 깊이 사랑하며 수고하십시오. 그렇게 될 때에 하나님께서 기뻐하시는 아름다운 사역이 될 수 있습니다.

하나님께서는 소중한 영혼들을 우리에게 붙여 주셨습니다. 그러나 해가 갈수록 더 많은 영혼들을 붙여 주셨으면 합니다. 유리하고 방황하는 영혼들의 숫자에 비하면 주님께서 우리에게 붙여 주신 사람들은 지극히 미미합니다. 아름답고 훌륭하게 이 사역을 감당하여 주님의 마음에 기쁨을 드리는 사역이 되기를 간절히 바랍니다.

목회, 그 영원한 미완성

우리의 목회 사역의 앞길에 평탄하고 행복한 길만 기다리고 있는 것은 아닙니다. 세속의 정신을 따라 교인들에게 끌려가는 목회에는 고생이 기다리고 있고, 거룩한 목표를 따라 하나님의 마음으로 하는 목회에는 고난이 기다리고 있습니다.

더욱이 우리의 목회 사역은 사람들과 함께하는 일입니다. 나와 틀린 점이 많은 여러 사람들과 함께, 용서받은 죄인 중 한 사람으로서 용서받지 못한 죄인들을 회심으로 인도하고 용서받은 죄인들을 더욱 그리스도의 형상을 닮게 하는 일이 목회입니다. 한 사람이 단지 교회에 출석하는 사람이 아니라 하나님 나라를 알리는 존재의 울림을 지닌 온전한 성도가 되어 가도록, 그의 전인격적 삶을 돌아보는 일이 바로 목회입니다. 사회 개혁가는 사회를 고치고, 의사는 인간의 육체를 고치지만, 목회자는 사람의 영혼과 삶은 물론 그들의 변화된 존재와 생활로써 사회까지 바꾸도록 부름받은 사람입니다.

목회자가 특별한 사람이어야 할 이유가 여기에 있습니다. 탁월한 지식과 사상, 뜨거운 사랑과 선한 인격, 열렬한 기도와 불타는 헌신, 능력 있는 설교, 뛰어난 목회 기술 등은 모두 훌륭한 목회 사역을 위해 없어서는 안 될 요소입니다. 그러나 그중 어느 하나도

훌륭한 목회를 위해 그것 하나만으로 충분한 것은 없습니다.

저는 교회를 개척하고 20여 년이 넘도록 지내 오며, 단 하루도 저 스스로를 목회 사역에 적합한 사람이라고 생각해 본 적이 없습니다. 제게 설교는 언제나 이국의 언어이고, 목회는 날마다 원치 않는 가슴앓이였습니다. 그래서 교인들이 많이 모일 때나 적게 모일 때나 우리 주님을 의지할 수밖에 없었습니다.

돌덩이처럼 변화되지 않는 영혼들을 뒤로 하고 예배당 문을 걸어 나올 때면, 초라한 저의 목회 사역에 가슴이 아파 눈물이 흐릅니다. '아아, 이 양떼들이 더 능력 있고 순전한 목회자, 더 뛰어난 말씀의 깊이를 가진 목회자를 만났더라면 이들의 인생이 얼마나 놀랍게 변했을까?' 그런 생각이 들 때마다 저는 스스로 실패한 목회자인 것 같은 부끄러움에 가슴이 미어집니다. 그러나 한편으로는 그때가 제가 가장 간절한 마음으로 우리 주님께 눈물로 매달릴 때입니다.

깊은 밤 불 꺼진 예배당 한 구석에서, 이른 아침 서재의 한 모퉁이에서, 목회 사역에 적합하지 않은 저 자신의 모습을 생각하며 좋으신 우리 주님께 간구하노라면, 주님은 마치 기다리고 계셨던 것처럼 저의 아픔보다 큰 위로를 주십니다. "내가 너를 지명하여 불렀나니 너는 내 것이라"(사 43:1下).

목회자의 꿈

목회의 길을 걷는 동안, 단 한 번도 접은 적이 없는 꿈이 있습니다. 그것은 매우 커다란 대형 교회를 일구는 것도 아니었고 언론을 장식하는 유명 인사가 되는 것은 더더욱 아니었습니다. 심지어 은퇴 후 많은 교인들의 존경과 사랑을 받는 것도 아니었습니다.

제 꿈은 마지막 설교를 하게 되는 그날에 관한 것입니다. 제게도 언젠가는 섬기던 교회에서 고별 설교를 하는 날이 올 것입니다. 그때 마지막 설교를 하기 위해 강단에서 설교 본문을 낭독할 때, 저의 설교를 30년 이상 들었던 성도들조차 그 설교가 어떻게 전개될지 예측할 수 없는 말씀의 깊이를 소유한 사람이 되고 싶습니다. 그리고 바로 그날이 제가 살아온 날들 중에서는 하나님을 가장 많이 사랑하는 날이고, 앞으로 살아갈 날들 중에서는 가장 적게 하나님을 사랑하는 날이기를 꿈꿉니다.

흰머리에 깊은 주름이 패인 얼굴로 아무도 박수쳐 주는 사람 없이 쓸쓸히 교회당을 떠나게 된다 할지라도, 이제껏 함께하신 하나님의 사랑 때문에 가슴 벅차 하며 마지막 발걸음을 떼게 된다면 얼마나 좋을까요?

아마도 그날이 되면 성도들과 헤어지는 것도 슬프지 않을 것입니다. 선한 싸움을 다 싸우고 눈물 흘림을 며칠 더 당하다가 하늘

나라에서 사랑하는 성도들과 다시 만나 함께 누릴 영원한 기쁨을 기대하기에…….

목회자의 영광은 이 세상에서 높은 지위에 오르거나 사람들의 갈채를 받을 만한 심오한 학문을 소유하는 데 있지 않습니다. 목회자의 영광은 온 몸과 마음을 하나님의 진리인 말씀에 바치고 성령 안에서 모든 삶을 태워 그 진리의 빛을 교회와 세상에 비추는 것입니다. 그리하여 우리에게 맡겨진 영혼들이 우리의 삶과 외침으로 말미암아 돌이켜 하나님의 빛으로 살아가게 하는 것입니다.

그런 목회자와 목회자의 아내는 이 세상 어디에 있든지 외형적인 성취와 지위에 상관없이 그들이 살아 있는 것 자체가 '존재의 울림'이 될 것입니다. 이 세상의 모든 목회자와 그의 아내들이 그 우주적이고 거룩한 존재의 울림에 참여할 수 있기를 꿈꿉니다.

▍ 2014년 교역자 부부 여름수련회를 마치고 설악산을 배경으로 찍은 기념 사진. 어떤 교역자는 담임목사가 되어 떠났고, 또 어떤 교역자는 또 다른 부르심을 받고 사역지를 옮기기도 했다. 그러나 우리는 하늘나라에서 만날 때까지 하늘가족처럼 살아가야 할 그리스도의 지체들이다. 이들을 동역자로만 생각할 때는 불만도 많았지만, 동역자이자 '함께 목회가 무엇인지를 배워 갈 하나님께서 나에게 맡기신 제자'라고 생각하니 가르치는 기쁨도 누리게 된다.

사명선언문

너희가 흠이 없고 순전하여……세상에서 그들 가운데 빛들로
나타내며 생명의 말씀을 밝혀 _ 빌 2:15-16

1. 생명을 담겠습니다
만드는 책에 주님 주신 생명을 담겠습니다.
그 책으로 복음을 선포하겠습니다.

2. 말씀을 밝히겠습니다
생명의 근본은 말씀입니다.
말씀을 밝혀 성도와 교회의 성장을 돕겠습니다.

3. 빛이 되겠습니다
시대와 영혼의 어두움을 밝혀 주님 앞으로 이끄는
빛이 되는 책을 만들겠습니다.

4. 순전히 행하겠습니다
책을 만들고 전하는 일과 경영하는 일에 부끄러움이 없는
정직함으로 행하겠습니다.

5. 끝까지 전파하겠습니다
모든 사람에게, 땅 끝까지, 주님 오시는 그날까지
복음을 전하는 사명을 다하겠습니다.

서점 안내

광화문점 서울시 종로구 새문안로 69 구세군회관 1층
02)737-2288(T) 02)737-4623(F)

강남점 서울시 서초구 신반포로 177 반포쇼핑타운 3동 2층
02)595-1211(T) 02)595-3549(F)

구로점 서울시 구로구 시흥대로 577 3층
02)858-8744(T) 02)838-0653(F)

노원점 서울시 노원구 동일로 1366 삼봉빌딩 지하 1층
02)938-7979(T) 02)3391-6169(F)

분당점 경기도 성남시 분당구 황새울로 315 대현빌딩 3층
031)707-5566(T) 031)707-4999(F)

신촌점 서울시 마포구 서강로 144 동인빌딩 8층
02)702-1411(T) 02)702-1131(F)

일산점 경기도 고양시 일산서구 중앙로 1391 레이크타운 지하 1층
031)916-8787(T) 031)916-8788(F)

의정부점 경기도 의정부시 청사로47번길 12 성산타워 3층
031)845-0600(T) 031) 852-6930(F)

인터넷서점 www.lifebook.co.kr